Claudia Toll

Mein
Hamster

RUND UM DEN HAMSTER
GUT VERSORGT
VERHALTEN VERSTEHEN
NATÜRLICH GESUND
SPIEL & SPASS

KOSMOS

Es ist kaum zu glauben, dass die ganze Goldhamsterzucht vor siebzig Jahren mit nur drei Exemplaren begann. Inzwischen sind es Millionen dieser kleinen Nagetiere, die Kindern wie Erwachsenen Vergnügen bereiten. Die rundliche Gestalt, das plüschig weiche Fell, die großen dunklen Knopfaugen und vor allem seine Munterkeit machen den Hamster einfach unwiderstehlich.

RUND UM DAS TIER

GUT VERSORGT

NATÜRLICH GESUND

SPIEL & SPASS

VERHALTEN VERSTEHEN

3

Von Hamstern und Hamsterchen

Der Goldhamster hat Konkurrenz bekommen. War er noch vor nicht allzu langer Zeit die einzige Hamsterart, die als Heimtier gehalten wurde, so finden inzwischen auch vier andere Arten ihre Anhänger. Es sind Zwerghamster, und zwar der Chinesische, der Dsungarische mit der östlichen Unterart Campbelli-Zwerghamster und der Roborowski-Zwerghamster. Der Dsungarische Zwerghamster ist zwar auf Platz zwei aufgerückt, aber der Syrische Goldhamster steht noch immer unangefochten an erster Stelle der Beliebtheitsskala, und das wird sicher auch so bleiben. Er hat seinen Siegeszug auf kurzen Beinchen innerhalb weniger Jahre angetreten, denn erst seit 1931 wurde er zunächst zum Labor-, dann zum Heimtier. Für den vermehrungsfreudigen Hamster macht dieser Zeitraum allerdings Tausende von Generationen aus.

Entdeckung 1930

Die ganze Goldhamstergeschichte fing damit an, dass Professor Israel Aharoni im Jahre 1930 nahe der Stadt Aleppo in Nordsyrien einen Hamsterbau ausgrub. Der lag in einer Tiefe von immerhin zweieinhalb Metern im Wüstensand.

Bis dahin war es fast 100 Jahre lang um den Goldhamster still ge-

Faszination Hamster

Hamsterbacken
Hamster stopfen ihr Futter in die Backentaschen, um es in ein sicheres Versteck zu tragen. Der Goldhamster kann 18 g Nahrung in den Backentaschen abschleppen.

Tiefgräber
Wilde Hamster legen ihre Bauten tief in der Erde an. Der im Jahr 1930 entdeckte Goldhamsterbau lag in 2,5 m Tiefe im Wüstensand.

Nächtliche Wanderungen
Goldhamster können in der Nacht Strecken von bis zu vier Kilometer Länge zurücklegen.

Aus drei mach hundert
Die Vermehrungsrate von Goldhamstern übertrifft bei weitem die sprichwörtliche der Kaninchen: sieben- bis achtmal im Jahr kann das Goldhamsterweibchen sechs bis zwölf Junge bekommen.

Schnell-Entwicklung
Nur 16 Tage lang ist das Goldhamsterweibchen trächtig, das ist die kürzeste Tragzeit aller Säuger.

wesen. Denn entdeckt und zum ersten Mal beschrieben hatte ihn der britische Zoologe Waterhouse bereits im Jahre 1839, ebenfalls in der syrischen Wüste.

Im unterirdischen Nest fand Aharoni ein Weibchen mit acht oder zwölf – genau ist die Anzahl nicht überliefert – gerade mal drei Zentimeter großen Jungen. Er nahm die ganze Hamsterfamilie mit ins Institut an der Universität in Jerusalem.

Nur drei oder vier davon blieben am Leben, aber nach einem Jahr waren es schon 300 Hamster geworden. Alle heute lebenden Hamster können auf diese gemeinsamen Vorfahren zurückblicken, sind also eng miteinander verwandt. 1931 wurden die Ersten von ihnen nach England gebracht. Nach Deutschland kamen sie erst um 1950.

Goldhamster sind heute eine seltene und gefährdete Tierart.

Langhaarige Hamster brauchen besondere Fellpflege.

Systematische Stellung

Der Goldhamster gehört zur Ordnung Nagetiere (Rodentia) und zur Familie Wühler (Cricetidae). Sein nächster Verwandter unter den einheimischen Tieren ist natürlich der Feldhamster. Seine weiteren näheren Verwandten sind die Wühlmäuse – aber nicht die Hausmäuse! Sie gehören zu den Echten Mäusen und haben allesamt richtig lange, das heißt zehn und mehr Zentimeter lange, Schwänze.

Unterschieden werden Großhamster (*Cricetus*), Mittelhamster (*Mesocricetus*) sowie Zwerghamster und unter ihnen noch einmal die Grauen oder Langschwänzigen (*Cricetulus*) und die Kurzschwänzigen (*Phodopus*) Zwerghamster.

Der bei uns lebende so hübsch dreifarbige Feldhamster (*Cricetus cricetus*) ist ein Großhamster. Und er ist auch wirklich groß gegenüber anderen Hamstern. Er bringt es von Kopf bis Schwanz auf eine Länge von 25 cm. Durch seinen schlechten Ruf als Schädling, der kiloweise Getreide in seinem Bau hamstert, ist er nach jahrelanger Verfolgung selten geworden und steht heute unter Naturschutz.

Der Goldhamster (*Mesocricetus auratus*) gehört zu den Mittelhamstern, sein lateinischer Name kennzeichnet ihn als goldfarbenen Mittelhamster. Seine Körperlänge beträgt 16–18 cm, die Schwanzlänge 1,2 cm, sein Gewicht etwa 80 g.

Der Chinesische Zwerghamster oder Streifenhamster (*Cricetulus griseus*, also Graues Hamsterchen) ist ein Grauer oder Langschwänziger Zwerghamster, wobei die Schwanzlänge allerdings auch nur 2–3 cm beträgt. Dieser Zwerg wird etwa

Der Chinesische Streifenhamster hat ein vergleichsweise langes Schwänzchen.

Campbellis haben ein dichtes Fell.

9–12 cm groß und bringt es auf ein Gewicht von etwa 60 g.

Zu den noch etwas kleineren Kurzschwänzigen Zwerghamstern, also zur Gattung *Phodopus*, gehört der Dsungarische Zwerghamster (*Phodopus sungorus*), er ist etwa 6–10 cm groß. Nach seiner Herkunft wird er auch als Russischer Zwerghamster bezeichnet, ist aber nicht zu verwechseln mit dem Russenhamster, einer Goldhamsterrasse! Sein Vetter aus den östlicher gelegenen Gebieten, der Campbelli-Zwerghamster, erreicht eine Größe von etwa 8–10 cm und ein Gewicht von cirka 40 g. Der absolute Winzling unter den Zwerghamstern ist der Roborowski-Zwerghamster (*Phodopus roborovskii*), der nur 7–9 cm misst und 30–35 g wiegt.

Der Zwerg unter den Zwergen: Roborowski-Zwerghamster, flink und scheu.

Andere Zwerghamster sind: der Rattenartige Zwerghamster, der tatsächlich fast die Größe einer Ratte erreicht und ebenfalls einen langen Schwanz besitzt, sowie der kleine Mausartige Zwerghamster und der Eversmann-Zwerghamster, der in der Größe etwa zwischen diesen beiden liegt.

Chinesische, Dsungarische, Campbelli- und Roborowski-Zwerghamster sind erst in jüngerer Zeit zu Heimtieren geworden. Der Chinesische Zwerghamster zum Beispiel wurde zum ersten Mal zwar bereits 1897 entdeckt, geriet dann aber bis 1950 wieder in Vergessenheit.

Goldhamster: Wildtier oder Haustier?

In der Natur schwinden wie bei vielen anderen Wildtieren auch die Lebensräume der Goldhamster durch Besiedlung und Ausdehnung der Landwirtschaft. Nur als Heimtiere konnten sie sich weiterhin fast uneingeschränkt auf eine inzwischen unübersehbare Anzahl vermehren. Bei den Zwerghamsterarten, die noch nicht lange im Zoohandel angeboten werden, lässt es sich eindeutig sagen: Sie sind kleine Wildtiere, auch wenn sie aus Zuchten stammen. Sie sind scheuer und lassen sich nie so leicht zähmen wie der Goldhamster.

Aber wie ist das mit ihm? Können Goldhamster wirklich noch Wildtiere geblieben sein – nach den siebzig Jahren der Zucht und Haltung in Menschenhand und ohne dass in dieser Zeit jemals Tiere aus Wildfängen zur sogenannten Blutauffrischung dazugekommen sind? Ist der Goldhamster im Lauf der für ihn sehr langen Zeit seit 1930 nicht doch schon domestiziert?
Was sind die Merkmale, die ein Tier zum Haustier machen, so wie Hund, Katze, Meerschweinchen, Kaninchen, Rind, Pferd, Schwein, Ziege, Schaf, Huhn, Ente, Gans, Kamel, Lama? Die

Domestizierung hat sich ja über lange Zeiträume, über Tausende von Jahren hingezogen, und alle diese Tiere haben im Laufe ihrer Haustierwerdung Veränderungen ganz bestimmter Art durchgemacht. Sie unterscheiden sich fast immer äußerlich von ihren wilden Verwandten, auch ihre inneren Organe haben sich verändert, ebenso wie ihr Wesen und Verhalten. Von allen Haustieren lässt sich sagen, dass gegenüber der Wildform ihr Gehirn kleiner und ihr Darm länger geworden ist.
Haustiere sind nach und nach den jeweiligen Bedürfnissen des

Ob in der Einstreu im Käfig...

... oder in der Wüste: Der Goldhamster putzt sich...

Menschen angepasst worden. Bei manchen Tieren sind die Veränderungen ganz deutlich schon im Erscheinungsbild abzulesen. Andere ähneln ihren wilden Vorfahren noch stärker.

So wie der Goldhamster, der sich, abgesehen von den Rassen und Farbschlägen, im Aussehen nicht besonders stark verändert hat, aber durchaus in seinem Wesen. Da Menschen die weniger aggressiven, leichter zu zähmenden und schneller zutraulich werdenden Exemplare bevorzugen und diese also auch eher zur Zucht verwenden, sind die meisten Goldhamster heute deutlich

Die wilde Verwandtschaft

Sieben Gattungen Hamster werden unterschieden

Mausartiger Zwerghamster,

Kurzschwänzige Zwerghamster, zu denen Dsungarischer, Campbelli- und Roborowski-Zwerghamster gehören,

Allocricetulus mit dem Eversmann- und dem Mongolischen Zwerghamster,

Graue Zwerghamster mit den Arten Daurischer, Chinesischer, Langschwanz-, Grauer und Tibetanischer Zwerghamster,

Rattenartiger Zwerghamster, der mit etwa 20 cm Körper- und 8 cm Schwanzlänge der größte unter den Kleinhamstern ist,

Feldhamster,

Mittelhamster, zu denen der Syrische Goldhamster gehört.

... wühlt und klettert.

friedlicher als früher, als sie gerade zu Heimtieren geworden waren. Dass im Goldhamster trotzdem noch überwiegend die Anteile eines Wildtieres stecken, tritt offen zu Tage: Goldhamster führen in ihrem Käfig weiterhin ein im Grunde unabhängiges Leben, so als befänden sie sich noch in der Wüste. Sie bleiben Nachttiere, sie müssen erst vom Menschen gezähmt werden. Und vor allem: Auch dann nehmen sie keine richtige Beziehung zu ihm auf. An ihrer Zutraulichkeit ändert das zum Glück nichts.

9

Zwerghamster wie dieser Campbelli haben Platz im Futternapf.

Zu Hause in Trockenzonen

Der Goldhamster stammt aus den Wüsten und Trockenzonen Syriens, Israels und des Irans. Der Chinesische Zwerghamster aus den Halbwüsten Zentralasiens, der Dsungarische bewohnt die Steppengebiete der Ukraine, Kasachstans, der Mongolei, der Mandschurei und Tibets, der Campbelli diese und östlicher gelegene Gebiete. Der Roborowski-Zwerghamster stammt aus der Mongolei, aus Sibirien und China.

Die fünf Hamsterarten sind in ihren Ursprungsländern bisher kaum erforscht. Hamster, die bei uns in den Zoohandel kommen, stammen aus Zuchten. Sie haben sich für die Haltung im Haus als geeignet erwiesen, anders als der heimische Feldhamster, auch wenn hin und wieder Einzeltiere gezähmt wurden. Er ist ein wehrhaftes, einzelgängerisch lebendes Wildtier, das als Revier viel Raum beansprucht.

Held Hamster

Liest du gern? Es gibt lustige und spannende Geschichten über Goldhamster. Ein ganz besonderer ist der Held in drei Büchern. Er heißt Freddy. Dieser Freddy schreibt selbst über sein bewegtes und stets gefährdetes Leben. Wie? Selbstverständlich auf dem Computer! „Freddy. Ein wildes Hamsterleben" heißt der erste Band. Im zweiten, „Freddy. Ein Hamster lebt gefährlich", ist ein verrückter Wissenschaftler dem schlauen Hamster auf der Spur. Ausgedacht hat sich Freddys Abenteuer der Autor Dietlof Reiche. Er erzählt nicht nur spannende Geschichten, sondern so ganz nebenbei gibt es auch allerhand über die Lebensweise und das Verhalten des kleinen Heimtiers zu erfahren (anrich Verlag). Andere Bücher sind: „Mali & Hamster" von Simone Klages (Beltz Verlag) und die schon früher erschienenen „Hamster Leos Geheimversteck" von Willi Fährmann (Arena Verlag) und „Kleines Monster Schnibulum" von Käthe Recheis (Kerle Verlag).

Gut getarnt

Der wildfarbene Goldhamster ist seiner ursprünglichen Umgebung gut angepasst: gold-braun auf dem Rücken, weiß-grau auf der Unterseite. Er hat feine dunkle Wangenstreifen und als besonderes Kennzeichen einen schwarzen Brustfleck mit weißlichem Längsstreifen.

Der Chinesische Zwerghamster hat rötlich-braunes bis rötlich-graues Fell und meist einen dunkleren Aalstrich auf dem Rücken. Der Dsunga-rische ist grau-braun oder ocker-grau auf dem Rücken, hat eine sandfarbene bis grau-weiße Unterseite, ebenfalls einen Aalstrich und behaarte Fußsohlen. Im Winter werden Dsungaren heller, sogar völlig weiß. Bei der Haltung im Heim kommt das allerdings nicht vor. Campbellis haben einen braun-gelben Rücken mit dunkelbraunem Aalstrich und eine hellere Drei-Bogen-Linie an den Seiten. Der Roborowski-Zwerghamster hat eine fahlgelbe Oberseite mit rötlichgrauem Schimmer. Bauch und behaarte Pfötchen sind weiß. Über den Augen hat er weiße Flecken.

Der Aalstrich auf dem Rücken, die Drei-Bogen-Linie an den Flanken: Das ist der Campbelli-Zwerghamster.

Rassen und Farben

Von den vier Zwerghamsterarten gibt es viel weniger Rassen oder Varianten als vom Goldhamster. Aber erste Farbschläge sind entstanden. Beim Campbelli treten Albinos auf, also reinweiße Tiere mit roten Augen, und es gibt sie mit dem Farbton Argente, ein blasses Gelb. Werden im Winter weiße Dsungaren angeboten, handelt es sich übrigens um Tiere, die künstlich Kälte und Dämmerung ausgesetzt wurden. Sie sollten nicht gekauft werden.

Beim Goldhamster konnten mehrere Rassen und Farbschläge herausgezüchtet werden. Diese Hamster unterscheiden sich nicht nur vom äußeren Erscheinungsbild her, sondern auch in ihrem Wesen und Verhalten und in ihrer Lebenserwartung. Der ursprüngliche goldfarbene Hamster, aber auch andere einfarbige Hamster sind robuster als die übrigen Zuchtformen.

Genetische Defekte und Krankheiten kommen natürlich auch bei ihnen hin und wieder vor.

Reinweiß bis pechschwarz

Das Fell des Satin- oder Seidenhamsters ist fein glänzend und fast rötlich oder es hat einen kupferfarbenen Schimmer. Hamster mit Satinfaktor im Fell sind bisher selten.

Beim Langhaar- oder Angoragoldhamster wächst das feinere und nicht so glänzende Unterhaar zeitlebens. Je älter der Hamster ist, desto länger ist also auch sein

Goldhamster als Albino mit rein weißem Fell und roten Augen. Er ist besonders lichtempfindlich.

Der wildfarbene Goldhamster ist nach wie vor die beliebteste Hamsterart.

Fell. Kreuzungen aus Satin- und Angoragoldhamster ergeben nur, dass das kurze Fell seidig glänzt, aber nicht die langen Fellhaare. Hamster mit langem Fell brauchen Pflege.

Die beiden verschiedenen Rassen Satin- oder Angoragoldhamster oder Kreuzungen aus den beiden werden in Zoohandlungen manchmal ohne Unterschied als Teddyhamster angeboten. Der wohl auf Wirkung, vor allem auf Kinder, abzielende Name

Teddyhamster bezeichnet keine Rasse.

Der Rexhamster hat verkürztes Deckhaar. Dadurch entsteht eine plüschartige, leicht gewellt wirkende Fellstruktur.

Der cremefarbene Goldhamster wird bisweilen als eigenständige Rasse eingestuft, er unterscheidet sich nicht nur in der Fellfarbe vom wildfarbenen Goldhamster. Er gilt als besonders friedfertig, aber auch als anfälliger für Krankheiten.

Als weitere Farbschläge kommen beim Goldhamster vor: Weiß (Albino), Silbergrau und Dunkelgrau, Sepia, Schwarz, Braun von Hell bis Dunkel, Champagner, Gelb, Apricot, Lila, Zimt, Zobel.

Beim Russen- oder Siamhamster ist das Fell weiß, nur Ohren, Nase und Pfötchen haben einen dunklen Ansatz, als wären sie ganz leicht mit Kohlenruß bestäubt, daher der Name.

Scheckenhamster kommen unter anderem als Weißschecke oder Schimmelschecke vor. Sie gelten als anfälliger gegenüber Krankheiten als alle anderen Goldhamster. Die Scheckenfärbung kann auch mit einer Missbildung innerer Organe einhergehen.

Wo gibt es sie zu kaufen?

Die Zucht von Goldhamstern ist trotz guter Vermehrungsrate und doch einigermaßen großer Variationsbreite nicht ganz einfach. Einige Rassen und Farbschläge sollten nie miteinander verpaart werden, weil der Nachwuchs Erbschäden aufweisen kann.

Öffentlich angekündigte Ausstellungen wie bei Kaninchen und Meerschweinchen gibt es bei Hamstern noch nicht. Sie sind manchmal bei Vereinen oder am Rande von Nagetierausstellungen oder sogenannten Nagershows und Nagerfestivals zu sehen oder auf Heimtier-Messen wie zum Beispiel der Animal. Zoohandlungen haben nur selten Goldhamster mit ungewöhnlichen Fellfarben.

Aber wie kommen Sie dann zum Beispiel an einen pechschwarzen oder einen zobelfarbigen Goldhamster? Oder an einen Zwerghamster? Versuchen Sie es mit einer Annonce zum Beispiel in der Zeitschrift „Hamster & Co.", im Kleintiermarkt der lokalen Tageszeitung, in einer Fachzeitschrift wie der „Geflügelbörse" oder über Vereine wie etwa den für Nagetiere & Kleinsäuger oder über die Interessengemeinschaft Heimtiere München oder auch durch deren Internetseiten. Dort können Sie zumindest Anschriften von Züchtern in Erfahrung bringen. Bei Raritäten unter den Hamstern ist die Zucht auch häufig nicht einfach.

Die Entscheidung für den hübschen wildfarbenen Goldhamster sollten Sie treffen, wenn Ihr Kind einen Hamster haben soll. Er ist, für Kinder ab etwa zwölf Jahren, immer noch am ehesten geeignet, aber nie geht es ohne Ihre Verantwortung.

Kein Haustier geworden, sondern Wildtier geblieben ist der seltene Feldhamster.

Hamster sind ausgesprochene Einzelgänger und Nachttiere. Das macht sie zu den idealen Tieren für tagsüber berufstätige Menschen, die sich am Abend gerne noch Zeit für ein kleines Lebewesen nehmen möchten. Sie müssen kein schlechtes Gewissen haben, weil sie das Tier den ganzen Tag allein lassen. Aber Hamster haben natürlich auch ihre Eigenarten, auf die man Rücksicht nehmen muss.

GUT VERSORGT

Passt ein Hamster zu mir?

1

Tagsüber braucht der Hamster seinen Schlaf. Auf Störungen reagiert er mürrisch, und sie verkürzen sein Leben.

2

Das Gute am Hamster ist, dass er problemlos einzeln gehalten werden kann. Freilebende Hamster gehen sich, außer in Paarungs-zeiten, aus dem Weg.

Einzelgänger Hamster

Während es bei Meerschwein-chen, Kaninchen und anderen klei-nen Nagern wie Mäusen oder Renn-mäusen an Quälerei grenzt, sie einzeln zu halten, ist gerade das beim Hamster eine Notwendigkeit. Vor allem Goldhamster können sich so in die Wolle kriegen, dass Blut fließt. Bei Zwerghamstern sieht das etwas anders aus. Bei ihnen ist die Voraussetzung für jede Mehrfach-haltung ein sehr großer Käfig mit Deckung und Rückzugsmöglichkei-ten. Zudem müssen Sie die Tiere ständig im Blick behalten, vor al-

3 Hamster müssen sehr vorsichtig behandelt, doch zugleich sicher angefasst werden. Für kleine Kinder ist das noch zu schwer.

4 Hamster beanspruchen Platz in der Wohnung. Ihr Käfig ist ihr Lebensraum. Er darf nicht zu klein sein, wenn der Hamster sich wohl fühlen soll.

5 Hamster haben gern Abwechslung und Anregung. Es macht viel Spaß, ihnen zuzugucken, wenn sie mit ihren Spielgeräten beschäftigt sind.

lem, wenn sie älter werden, und bei Streitereien eingreifen. Vielleicht müssen Sie sie doch irgendwann in getrennte Käfige setzen. Jede nur vorübergehende Trennung ist zu vermeiden, sonst fehlt den Tieren beim erneuten Zusammensetzen der vormals vertraute gemeinsame Ge-

ruch. Es gibt zwar Zoohandlungen, die Zwerghamster nur paarweise abgeben, aber das kann problematisch werden. Nur wer sich gut mit ihnen auskennt, kann es riskieren, Chinesische Hamster im Familienverband zu halten, Campbellis, Dsungaren und Roborowski-Zwerg-

10x ja zum Hamster

- Es kommt Ihnen besonders darauf an, den Hamster zu beobachten? Sie haben aber auch keine Scheu davor, das kleine Tier in die Hand zu nehmen?
- Sie möchten sich am Abend noch wenigstens eine Stunde lang Zeit nehmen, um sich mit dem Hamster und mit nichts anderem zu beschäftigen?
- Sie rauchen nicht oder zumindest nicht in dem Raum, in dem der Hamster lebt oder in dem er sich gerade aufhält?
- Es macht Ihnen nichts aus, den Käfig mit der Toilettenecke des Hamsters zu säubern? Sie haben einmal in der Woche Zeit für die Käfigreinigung?
- Weder bei Ihnen noch bei einem anderen Mitglied Ihrer Familie besteht eine Tierhaar- oder Stauballergie?
- Sie haben Platz genug, um einen großen Käfig in einer ruhigen Ecke aufzustellen?
- Sie hören in dem Raum, in dem der Hamster lebt, keine laute Musik und sorgen dafür, dass auch keine andere Geräuschkulisse den Hamster (ver)stört?
- Sie haben keine weiteren Haustiere in der Wohnung, oder wenn doch, können Sie dafür garantieren, dass die Tiere einander nicht gefährlich nahe kommen?
- Sie haben schon einen verlässlichen Menschen gefragt, ob er den Hamster versorgen kann, wenn Sie verreisen?
- Wenn Sie Kinder haben: Sie können darauf achten, dass diese mit dem Hamster behutsam umgehen und ihn nicht tagsüber aus dem Schlaf wecken?

hamster paarweise, sowohl gemischt- als auch gleichgeschlechtlich.

Aber es ist ja für viele Menschen gerade die Einzelhaltung, die die Entscheidung für den Hamster viel leichter macht als zum Beispiel für die gesellig lebenden Meerschweinchen. Das Leben ist für Hamster eindeutig stressfreier, wenn sie allein bleiben.

Ein Spieltier für Kinder?

Fast alle Kinder finden Hamster auf Anhieb süß und möchten das kleine Fellbündel verständlicherweise auf die Hand nehmen und streicheln. Aber Hamster lassen sich gar nicht besonders gern anfassen. Wer sich einmal die Hamsterpfötchen ansieht, wird erkennen, dass selbst ein kleiner Kinderfinger für den Hamster sehr grob sein kann.

Den besten Überblick hat der Hamster von oben. Also muss er auf den Steg klettern. Aber dann geht es auch gleich weiter.

Behutsam, weil er so zart ist, und zugleich sicher, weil er so quirlig ist, muss beim Hamster zugefasst werden. Abstürze einerseits, Quetschungen andererseits sind häufig die Ursache für Verletzungen oder Todesfälle. Die behutsame Annäherung an den Hamster müssen Kinder erst lernen.

Tatsächlich ist der Hamster eher ein Tier für Beobachter. Das gilt für den Goldhamster und erst recht für die Zwerghamster, die allesamt keine für jüngere Kinder geeigneten Tiere sind, vor allem nicht der überaus flinke und scheue Roborowski-Zwerghamster. Kaum ein jüngeres Kind, das ein Tier haben, pflegen und streicheln möchte, gibt sich jedoch mit Zugucken zufrieden. Erst Kinder ab zwölf Jahren bringen Verständnis auf. Ohne dass Eltern den richtigen Umgang mit dem Hamster zeigen und letztlich die Verantwortung für das Tier behalten, geht es allerdings nicht.

Andere Haustiere

Solange der Hamster in seinem Käfig bleibt und nicht ausbricht, kann nichts passieren, wenn noch andere Tiere im Haus leben. Aber der Hamster soll ja schließlich seinen täglichen Auslauf bekommen. Hunde und Katzen sehen so ein umherhuschendes kleines Tier nur als Beute an. Von Sittichen und Papageien droht dem Hamster Gefahr, weil sie ihn mit dem Schnabel kräftig zwacken könnten. Kaninchen und Meerschweinchen wiederum können heftig erschrecken, wenn sich ihnen Hamster nähern, und es kommt auch vor, dass sie von Hamstern gebissen werden. Begegnungen mit anderen Mäusen, zum Beispiel den in ihrem Territorium ständig verteidigungsbereiten Rennmäusen, arten mit Sicherheit in blutige Auseinandersetzungen aus, bei denen der Hamster unterliegt. Wer nicht den Überblick über alle seine Tiere garantieren kann, sollte den Hamster als einziges Tier halten.

Allergien und LCM

Bevor die Entscheidung zum Kauf fällt, sollte sicher gestellt sein, dass niemand in der Familie allergisch gegen Hamster oder den unvermeidlich umherwirbelnden Staub aus Käfigeinstreu oder Heu reagiert. Also wäre es gut, wenn Sie als Test schon Hamster anfassen oder zur Betreuung übernehmen würden.

Und wie ist das mit der Hirnhautentzündung, der Lymphozytären Choriomeningitis, abgekürzt LCM, die durch ein Virus von jungen Hamstern übertragen werden kann? Hamster im Zoofachhandel stammen mittlerweile alle aus LCM-freien Zuchten. Fragen Sie danach. LCM befällt Hamster im Alter von bis zu drei Monaten. Sie erkranken, überstehen LCM aber fast immer unbeschadet. Das Krankheitsbild ähnelt bei ihnen einer Erkältung, es kann im schlimmsten Fall mit Lähmungen einhergehen. Ansteckungsquellen für den Menschen sind Ausscheidungen und Körpersekrete des Hamsters. Dann machen sich nach etwa einer Woche Symptome wie bei einer Grippe bemerk-

Auch zutrauliche Hamster müssen ganz sicher gehalten werden.

bar. Nur beim schweren Verlauf kann es zur Hirnhautentzündung kommen. Schwangere Frauen sollten wegen der Gefährdung des Fetus den Kontakt mit Hamstern vermeiden, die jünger als fünf Monate sind.

Welches Alter?

Vier bis höchstens sechs Wochen alte Hamster sind im idealen Alter, um ins Haus zu kommen. Sie werden mit etwa vier Wochen von der Mutter entwöhnt und sind als Junghamster eine Weile untereinander verträglich. Wenn sie noch einige Zeit im Geschwisterverband verbringen können, ist das für sie durchaus angenehm. Danach müssen sie ohnehin getrennt werden. Aber zu früh sollten Hamster nicht von der Mutter weggenommen werden. Sie könnten dadurch sogar krank werden.

Männchen oder Weibchen?

Ob Ihr ausgewählter Hamster ein Männchen oder ein Weibchen ist, spielt kaum eine Rolle. Sie unterscheiden sich nicht wesentlich, auch wenn Weibchen nachgesagt wird, sie seien lebhafter, schwerer zu zähmen und aggressiver. Aber das ist nicht so sehr eine Frage des Geschlechtes, sondern vielmehr des Umgangs mit ihnen. Regelmäßiges und liebevolles Befassen mit dem Tier führt immer dazu, dass es zutraulich wird.

Zoofachhändler können auch bei jungen Hamstern den Unterschied zwischen den Geschlechtern erkennen. Der Abstand zwischen After und Geschlechtsorganen ist beim Männchen größer. Außerdem haben Männchen, wenn die Hoden gewachsen sind, ein spitzer zulaufendes Hinterteil als die rundlich gebauten Weibchen. Bei Zwerghamstern ist es weniger leicht zu erkennen, aber auch hier müssten erfahrene Zoohändler oder Züchter Auskunft geben können.

Rechtliches

Für die normale Haltung eines Hamsters in einem Käfig in der Wohnung benötigen Sie keine Erlaubnis des Vermieters. Anders ist das, wenn Sie gleich eine ganze Hamsterzucht planen.

Und wenn Ihre Tochter oder Ihr Sohn eines Tages mit einem Hamster nach Hause kommt? Ist Ihr Kind unter 16 Jahre alt, ist der Verkauf ohne Einwilligung der Eltern nicht rechtsgültig. Der Hamster kann dann ebenso wie zum Beispiel ein von Freunden geschenkter wieder zurückgebracht werden.

Hamster können sich ganz flach machen.

Urlaub mit Hamster?

Für den Hamster ist es am besten, zu Hause zu bleiben. Das bedeutet, Sie müssen vor der Anschaffung des Tieres wissen, welcher verlässliche Mensch für diese Zeiten die Pflege übernimmt und regelmäßig zur Versorgung kommt.

Ein Wochenende oder maximal drei Tage lang kann der Hamster, gut versorgt, ausnahmsweise allein gelassen werden.

Es wäre aber nicht schlecht, wenn einmal jemand nach ihm schaut.

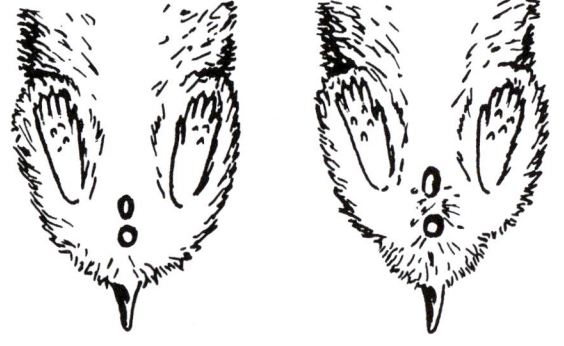

Weibchen: links, Männchen: rechts.

Hamster aussuchen

Hamster, so klein sie auch sind, eignen sich wie alle Tiere, die in eine Familie kommen und von allen angenommen werden sollen, nicht als Überraschungsgeschenke. Also keine Spontan- und Mitleidskäufe. Die Anschaffung will überlegt sein.

Fast jede Zoofachhandlung hat Hamster, das heißt immer Goldhamster, manchmal auch Dsungaren und Chinesische Zwerghamster, im Sortiment. Hamster gibt es auch, leider, nicht selten in Tierheimen. Hier hocken die Kandidaten, die mit der Begründung „Allergie" abgegeben wurden oder für deren Urlaubsbetreuung sich niemand fand, oder Kinder haben einfach die Lust am Tier verloren. Oft sind das ältere, schon völlig zahme Tiere, für die ein neues Zuhause die Rettung für ihre vielleicht letzten Lebensmonate bedeutet.

Lassen Sie sich nicht verleiten, einen Hamster zu kaufen, der auf einem öffentlichen Markt oder einem sogenanntem Hobbytiermarkt

angeboten wird, oder einen Hamster über den Versandhandel zu bestellen. Holen Sie das Tier immer selbst ab, auch wenn zum Beispiel ein Züchter weiter entfernt wohnt.

Checkliste: Vor dem Kauf

Die Zoohandlung

○ Sehen Sie sich um in der Zoohandlung. Schnuppern Sie auch. Ist alles sauber? Sind die Tiere, nicht nur die Hamster, gut versorgt und machen einen gepflegten, gesunden Eindruck?

○ Steht der Hamsterkäfig entfernt von einem Käfig mit Mäusen? Durch Hausmäuse kann auf Hamster LCM übertragen werden.

Der Hamster

○ Nehmen Sie sich Zeit. Beobachten Sie die Hamster im Verbund. Macht auch nur ein Tier einen kranken Eindruck, kaufen Sie Ihren Hamster besser nicht aus dieser Gesellschaft.

○ Schauen Sie eine Weile zu. Gefällt Ihnen von allen Hamstern ein Tierchen ganz besonders gut? Dann nehmen Sie es nun gründlicher in Augenschein. Lassen Sie es sich auch vom Zoohändler von allen Seiten zeigen.

○ Ihr ausgewählter Hamster ist nach dem Aufwachen, Blinzeln, Strecken, Gähnen, Fellputzen munter, lebhaft und neugierig.

○ Er hat blanke, weit geöffnete Augen, an denen nichts verklebt oder verkrustet ist.

○ Seine Nase ist trocken und in ständiger schnuppernder Bewegung. Er niest nicht.

○ Gehen Sie am frühen Abend in die Zoohandlung, wenn die Hamster gerade aufwachen.

○ Achten Sie darauf: Haben die Hamster im Verkaufskäfig ein Schlafhäuschen? Ist das Licht in den Käfigen gedämpft?

○ Lassen Sie die Hamster wecken, wenn sie noch schlafen sollten, aber klopfen Sie nicht selbst an die Scheibe oder kratzen am Gitter.

○ Seine Ohren sind sauber. Bitten Sie den Zoohändler, hineingucken zu dürfen! Die zarten Ohrmuscheln sollten beim erwachten Hamster entfaltet sein.

○ Das Fell ist fein und matt glänzend. Gucken Sie dem Hamster genau beim Putzen zu. Da er die Fellhaare gegen den Strich putzt, können Sie Verkrustungen oder Wunden erkennen.

○ Die Umgebung des Schwanzes, Hinterteil und Bauch sind sauber und trocken.

○ Die vier Pfoten mit den fünf Zehen – vorne: vier und ein verkümmerter Daumen – sind sauber und beweglich.

○ Der Körper ist gleichmäßig rundlich, aber der Hamster ist nicht zu dick.

○ Die Bewegungen des Hamsters sind koordiniert und gleichmäßig. Er hat einen geraden Rücken.

Nach Hause mit dem Hamster

Eben war er noch mit seinen Geschwistern im Käfig der Zoohandlung. Jetzt wird er, kaum dass er aufgewacht ist, plötzlich angefasst, von einer großen Hand gegriffen, in eine kleine Kiste gesteckt und davongetragen. Unterwegs schaukelt und schwankt es. Wählen Sie den kürzesten Weg und die schonendste Weise, um mit dem Hamster nach Hause zu kommen, und widerstehen Sie jeder Versuchung, unterwegs nach ihm zu gucken, auch wenn die Neugier noch so groß ist.

Transportbox für unterwegs

Am besten ist es, wenn der Hamster diesen Umzug in einer kleinen Transportbox aus Kunststoff mit abnehmbaren Deckel mitmacht. Auf dem Boden wird bereits zu Hause Einstreu verteilt. Dazu kommt dann noch eine Hand voll aus der bisherigen Behausung in der Zoohandlung. Dieser Geruch ist dem Hamster vertraut, der Schock des Neuen ist dann nicht so groß.

Die Transportbox wird auch in anderen Situationen wieder eingesetzt, zum Beispiel wenn der Hamster zum Tierarzt muss oder wenn er ein Ausweichquartier braucht, weil in seinem Käfig der Tag des Großreinemachens angesetzt ist. Für den Weg nach Hause verdunkeln Sie am besten die vier Seitenwände mit stabilem Karton.

Zu Hause – und nun?

Zu Hause steht für den Hamster schon der Käfig mit Häuschen und allem Zubehör, mit frischer Einstreu, gefülltem Futternapf und Wasser bereit. Ist er glücklich gelandet, stellen Sie die Transportbox in seinen Käfig und öffnen den Deckel. Wenden Sie die Box langsam und mit aller Vorsicht, sodass der Hamster herausklettern kann. Er wird sich bald wieder be-

Ist der Hamster ein Streicheltier?

Gern streicheln lässt sich der Hamster ehrlich gesagt nicht. Er ist viel zu klein und sein Körper ist zu zart, als dass es für ihn ein Vergnügen sein könnte, von einem Menschenfinger, und sei es noch so behutsam, berührt zu werden. Am ehesten lässt sich noch der Goldhamster streicheln, denn er ist immerhin bis zu 18 cm groß. Die kleinen Winzlinge, vor allem die Roborowski-Zwerghamster, sollten möglichst überhaupt nicht angefasst werden. Sie sind Tiere zum Beobachten, und das kann sehr viel Spaß machen! Sie sind sehr flink, machen sich ganz klein und entwischen der Hand schneller, als du reagieren kannst. Wenn du einen Hamster in die Hand nehmen willst, solltest du immer warten, bis er völlig zahm und zutraulich ist. Niemals darfst du von oben nach dem Hamster greifen. Das erschreckt ihn immer wieder fürchterlich, denn wer von oben kommt, kann nur ein Beutegreifer sein, der es auf das Leben des Hamsters abgesehen hat. Sprich ihn auch jedes Mal wieder an, bevor du mit der Hand auf ihn zukommst. Wenn du eine Hand wölbst und den Hamster gut absicherst, bleibt er eine Weile ruhig. Lass aber den Hamster nie auf der flachen Hand laufen, er rennt immer zum Rand und stürzt ab. Und nie nie nie darfst du dem Hamster ins Nackenfell greifen, um ihn so zu tragen.

sinnen und zum Vorschein kommen. Dann nehmen Sie die Transportbox heraus. Die gesamte Einstreu daraus verteilen Sie im Hamsterkäfig. So bleibt immer noch ein schwacher vertrauter Geruch.

Der Hamster braucht nach dieser großen Veränderung in seinem kleinen Leben jetzt vor allem eins, und zwar Ruhe. Und die, so schwer es Ihnen auch fallen mag, für etwa eine Woche.

Erst das Heim, dann der Hamster

1 Gutes Heu darf im Hamsterkäfig nie fehlen. Der Hamster wühlt gern darin und zerlegt die Halme, um damit sein Schlafnest auszupolstern.

2 Vielleicht lässt sich der Hamster auf das Angebot ein und wälzt sich im feinen Chinchillasand, wenn eine Schale im Käfig steht. Das pflegt sein Fell.

3 In die Bodenschale des Käfigs kommt eine ordentliche Schicht Einstreu. Je tiefer, desto besser. Hamster sind von Natur aus Wühler.

Die Standortfrage

Wohin mit dem Hamsterkäfig? Da der Hamster ein lichtscheues und ruhebedürftiges Tier ist und artgerecht gehalten werden soll, ergibt sich die Antwort schon fast von selbst.

Der Käfig steht in einem ruhigen Raum, das heißt, dort, wo nicht gerade Stereoanlage und Fernseher sind. Die Küche ist genauso wenig geeignet wegen der vielen Geräusche, etwa vom surrenden Kühlschrank oder Geschirr- und Töpfeklappern, und Gerüche vom Kochen sind nichts für die empfindliche Hamsternase. Aus demselben Grund wohnt der Hamster auch in einem Nichtraucherzimmer. Im Hamsterzimmer darf die Luftfeuchtigkeit nicht zu hoch sein und die Temperatur nicht unter

Futternäpfe im Käfig müssen standfest sein. Beim Fressen hockt sich der Hamster gern mitten hinein. Am besten sind Näpfe aus Keramik.

Eine Nippeltränke wird von außen an den Gitterstäben befestigt, auch wenn manche Hamster nie trinken. Sie wird mit abgekochtem, abgekühltem Wasser gefüllt .

Zur Einrichtung des Käfigs gehören Spielgeräte, Klettermöglichkeiten sowie Verstecke aller Art. Dazu eignet sich auch Nistmaterial, in das sich der Hamster zurückziehen kann.

18°C sinken. Der Käfig steht nicht an der Heizung oder in der direkten Sonne. Auch Zugluft ist schädlich für den Hamster. Und grelles Lampenlicht mag er nicht. Am besten ist eine geschützte Ecke an der Wand oder in einer Nische, wo der Käfig an einem erhöhten Ort steht, auf einer Kommode oder einem Tisch, sodass der Hamster leicht beobachtet werden kann.

Lebensraum Käfig

Nach einem wirklich sinnvollen und gut eingerichteten Hamsterkäfig müssen Sie möglicherweise lange suchen, und dann ist er auch noch um ein Vielfaches teurer als das Tier selbst.

Es gibt billige Käfige, aber die sind entweder zu klein oder erweisen sich als ungeeignet – wie zum Beispiel Kompaktkäfige oder so ge-

Was Hamster alles noch brauchen

1 Hölzer sind gut zum Benagen. Das hält die Zähne des Hamsters gesund. Auch das Klettern über die Äste macht ihm viel Spaß.

2 In kleinen Kobeln aus Naturfasern findet der Hamster einen Unterschlupf. Darin kann er sich auch mal zum Schlafen zurückziehen.

3 Neugierig wie er ist, wird der Hamster gleich das Innere erkunden. Röhren aus Kork oder anderen Baumrinden verlocken zum Hineinkriechen.

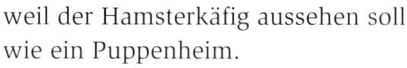

nannte „Alles-in-einem"-Käfige aus Kunststoff mit integriertem Zubehör. Zwar werden sie als Anfangs- oder Starterkäfige angeboten, aber vermutlich müssen manche Hamster doch ihr ganzes Leben in ihnen verbringen. Im Innern kann die Luft stickig werden, und Kondenswasser schlägt sich nieder. Feuchtigkeit auf Dauer ist tödlich für den Hamster. Es geht um das Tier und seine Bedürfnisse. Geben Sie nicht nach, wenn Kinder noch so quengeln,

weil der Hamsterkäfig aussehen soll wie ein Puppenheim.

Es gibt zwei Möglichkeiten, den Hamster gut unterzubringen: Käfig oder Cricetarium.

Was spricht für oder gegen die eine oder andere Behausung?

Käfig

Die Mindestmaße betragen 80x45 cm Seitenlänge und 40 cm Höhe. Der Käfig ist viereckig, also kein Rundkäfig. Hamster brauchen

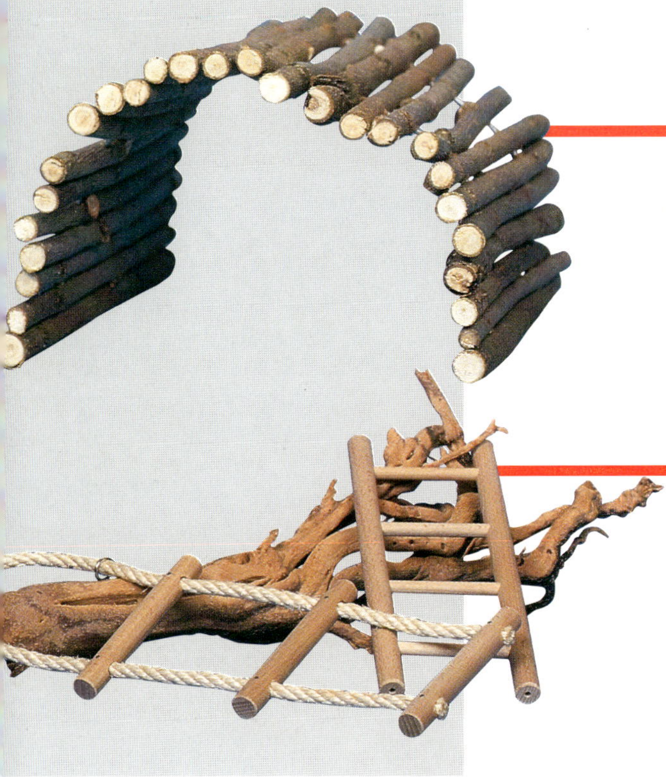

Brücken aus Hölzern bieten gleich
doppeltes Vergnügen: Der Hamster kann hinüberklettern und hin-
durchlaufen. Und benagen lassen
sich die Hölzer auch noch.

Leitern, Wippen, Kletterseile und
vieles mehr stehen zur Auswahl.
Der Hamster hat gern Abwechslung, auch bei seinen Spiel- und
Sportgeräten.

Ins Häuschen zieht
sich der Hamster zum
Schlafen zurück. Ein
Fenster muss es gar
nicht haben.

die Ecken, um sich sicher zu fühlen, und Zubehör wie zum Beispiel das Schlafhäuschen lässt sich besser aufstellen. Es gibt Käfige mit geringeren Grundmaßen, die dann aber zwei bis drei Ebenen haben, durch Treppen und Leitern verbunden.

Sie können zwischen die Gitterstäbe eines großen Käfigs auch ein Holzbrett schieben, sodass eine Art Aussichtsplattform und eine weitere Ebene entsteht.

Der Käfig sollte eine möglichst hohe Bodenschale haben, damit der Hamster seiner Lieblingsbeschäftigung, dem Wühlen, nachgehen kann. Gitterroste auf dem Boden sind nichts für die zarten Füße der Hamster.

Die Gitterstäbe sind querverdrahtet. Dann kann der Hamster an ihnen hinaufklettern. Der Abstand zwischen den Stäben darf bei Goldhamstern nicht über 10–12 mm liegen, bei Zwerghamstern nicht über 5–8 mm. Da es immer wieder vorkommt, dass gelangweilte Hamster die Gitterstäbe benagen, sollen sie matt verchromt oder galvanisch verzinkt, aber nicht kunststoffummantelt oder beschichtet sein.

Für den Käfig spricht, dass der Hamster an den Gitterstäben klettern kann, dass sich dort Zubehör anbringen lässt und dass immer für ausreichend Frischluft gesorgt ist.

Das Cricetarium

Wer sich für Hamster als seine Tiere entscheidet und nicht nur einmal im Leben einen Hamster haben möchte, kann gleich eine größere Investition tätigen und sich ein Cricetarium zulegen. Es ist praktisch eine Kombination aus Terrarium und Käfig und für den Hamster das artgerechteste Heim. Der Boden kann tief mit Einstreu aufgefüllt werden. Die Frontseite hat Schiebetüren aus Glas oder Kunststoff, die Seitenwände sind von einer bestimmten Höhe an vergittert.

Vor allem für Zwerghamster bietet sich das Cricetarium an. Es ist groß genug, sodass auf den für die Kleinen gefahrenträchtigen Freilauf verzichtet werden kann.

Einstreu

Frei lebende Hamster scharren und graben und buddeln tiefe Gänge in den Boden. Die Einstreu sollte daher so tief wie möglich sein. Eine Schicht von 10 cm wäre schon ganz gut, aber wegen der geringeren Höhe der Bodenschalen in den handelsüblichen Käfigen werden es nur 5–7 cm sein können. Geeignet sind Hobelspäne aus unbehandeltem Holz, nicht aus der Tischlerei, sondern aus dem Zoohandel für den Kleintierbedarf. Gemischt mit wenig Erde oder Vogelsand erhält die Einstreu eine bessere Konsistenz für Hamsters unterirdische Wühlarbeit. Die Erde wird auf einem Blech flach ausgebreitet und im Backofen für etwa 30 Minuten bei 180°C erhitzt. Dann abkühlen lassen.

Dieser Käfig geht über mehrere Ebenen.

Das Laufrad ist achsseitig geschlossen.

Checkliste zur Käfigreinigung

Jeden Tag

- ○ Wechseln Sie die Einstreu in der Urinecke des Hamsters. Kein Hamsterspray verwenden.
- ○ Morgens nehmen Sie alle Reste des Saftfutters aus dem Käfig.
- ○ Futternäpfe mit heißem Wasser und ohne Spülmittel abwaschen.
- ○ Nippeltränke ausspülen und mit abgekochtem Wasser frisch auffüllen.

Jede Woche

- ○ Einstreu im Käfig auswechseln, wenn der Käfig groß ist. Kleine Käfige selbstverständlich öfter säubern.
- ○ Schlafhaus kontrollieren und säubern. Darauf achten, alle trockenen Vorräte zu retten und nicht das Schlafnest zu zerstören.
- ○ Käfigzubehör wie Leitern, Laufrad, Steine usw. säubern, eventuell mit heißem Wasser abspülen.

Jeden Monat

- ○ Käfigschale mit heißem Wasser ausspülen und mit einer Bürste reinigen.
- ○ Gitteraufsatz unter der Dusche mit heißem Wasser abspülen und die Drahtreihen mit einer Bürste reinigen.
- ○ Schlafhäuschen reinigen, alle Vorräte entfernen und Schlafnest herausnehmen. Nicht vergessen: neues Nestmaterial für den Hamster bereitlegen.
- ○ Käfiginneneinrichtung gründlich säubern, Verschmutztes auswechseln.

Die Einstreu kann auch gut gemischt werden mit feinem Heu und getrockneten Blättern. Wenn der Hamster darin gräbt und alles durcheinander wühlt, entsteht mit der Zeit eine Schicht, die nicht so leicht in sich zusammenfällt. Darin lässt es sich noch besser buddeln. Für die Haltung von Zwerghamstern sind als Einstreu Strohspäne besser als Sägespäne.

Strohpellets, für Kaninchen oder Meerschweinchen als Einstreu geeignet, sind für Hamster zu grob, und wühlen können sie in dieser Einstreu auch nicht.

Das Schlafhäuschen

Ein nicht zu kleines Schlafhaus aus Holz oder ein Strohhaus wird zum Unterschlupf für den Hamster und mehr als das, nämlich auch noch zum Vorratslager. Die Größe

Alles, was es zu erkunden gibt, reizt den Hamster. Da geht's drüber und drunter.

beträgt etwa 15x10x10 cm. Es gibt mittlerweile eine große Auswahl an Hamsterhäuschen aus Holz, die auch mehrere Kammern haben. Sonst halten Sie eventuell Ausschau nach Meerschweinchenhäusern oder Vogelbrutkästen.

Das Schlafhaus hat keinen Boden, und ein Fenster ist überflüssig. Der Eingang ist klein, aber doch so groß, dass der Hamster noch mit prall gefüllten Backentaschen hindurchpasst. Es ist praktisch für die tägliche Kontrolle, wenn sich das Dach öffnen lässt. Kindern allerdings sollte gesagt werden, dass sie es tagsüber nicht anheben sollen, um immer wieder nach dem schlafenden Hamster zu gucken.

Nestmaterial

Die Inneneinrichtung und Auspolsterung seines Schlafhäuschens übernimmt der Hamster selbst. Er zerlegt Stroh- und Heuhalme und getrocknete Blätter und trägt sie ins Innere. Scharpie und wenige unparfümierte, unbeschichtete Papierta-

Über Hölzchen und Stöckchen: Hauptsache, der Hamster kann sich betätigen.

Wühlen in der Einstreu ist ganz wichtig...   **...und das Wiederauftauchen ebenso.**

schentücher können Sie ihm außerdem hinlegen. Bitte weder Wollfäden noch Kokosfasern oder Watte. Hamsterwatte, auch wenn sie mittlerweile als „voll verdaulich" angeboten wird, ist auch nicht unbedingt zu empfehlen.

Näpfe

Der Hamster kann mit Leichtigkeit kleinste Körner und anderes Futter aus der Einstreu heraussuchen. Aber ein fest stehender Futternapf ist hygienischer. Am besten ist ein kleiner, flacher aus Keramik, es kann auch ein Untersetzer für Blumentöpfe sein. Der Hamster wird nur einen Teil des Futters gleich fressen, und dazu hockt er sich oft mitten in den Napf. Den

Rest seines Futters wird er nach und nach in den Backentaschen wegtragen und im Schlafhäuschen als Vorrat hamstern für die Notzeiten, von denen der Hamster nicht weiß, dass sie bei der Haltung in Menschenhand nie kommen. In einer Heuraufe wird frisches Grün, wie etwa Gräser, gesammelte Kräuter, Blätter von Löwenzahn, locker ausgebreitet. Stückchen von Obst und Gemüse werden in einen zweiten Napf oder auf einen Stein gelegt. Die Näpfe stehen nicht genau in einer Ecke des Käfigs.

Tränke

Hamster trinken wenig, vor allem wenn ihnen Obst und Gemüse angeboten werden. Manche Hamster

Wozu eine Leiter gut ist, findet jeder Hamster schnell heraus: Hier geht es hinauf.

trinken sogar nie. Trotzdem sollte immer Wasser vorhanden sein. Aus einer Nippeltränke mit Doppelkugel tröpfelt es nicht, das Wasser bleibt frisch und es kann keine Einstreu hineinfliegen.

Spielzeug im Hamsterheim

Die weitere Innenausstattung des Käfigs hängt von dessen Größe ab. Wenn auch manche Geräte und Spielzeuge für den Hamsterausflug besser sind, sollte eine Auswahl im Käfig als Minimaleinrichtung zur Beschäftigung nicht fehlen.

Der Zoofachhandel bietet vieles an, was sinnvoll ist – oder überflüssig. Überlegen Sie, was der Hamster wirklich braucht. Es gibt zum Beispiel ein System von Röhren und Kurven aus Kunststoff, durch Gelenke miteinander kombinier- und ver-

längerbar. Werden sie zu allzu tief abfallenden Röhren zusammengesetzt, hat der Hamster unter Umständen Schwierigkeiten sich zu befreien. Die Laufflächen sind glatt, die Luft im rundum geschlossenen Gangsystem wird stickig, Kondenswasser schlägt sich nieder, Bakterien siedeln sich an. Dem natürlichen Hamsterbau entsprechen diese Röhren nicht. Da gibt es andere, bessere Möglichkeiten.

Klettern und Verstecken

Hamster klettern in begrenztem Ausmaß, sie mögen jedenfalls erhöhte Standorte für eine Rundumsicht. Die haben sie, wenn in ihren Käfig Natursteine gelegt werden. Lavasteine zum Beispiel können im Zoofachhandel gekauft werden. Dort bekommen Sie auch geflochte-

Zwischen den Sprossen klettert der Hamster. Ist er wach, ist er immer in Bewegung.

ne Röhren und Kobel aus Hanffasern, Leitern, Klettergerüste, Weidenbrücken, Borken, ausgehöhlte Hölzer, Wippen und Schaukeln aus Holz, Korkeichen oder Wurzelhölzer. Sie können auch selbst Ideen entwickeln, zum Beispiel: aufgesägte Schalen von Kokosnüssen, Baumscheiben, Röhrenziegel, Papprollen, draußen gesammelte Steine, die Sie gründlich mit heißem Wasser abwaschen, oder verzweigte Äste von Laubbäumen, die Sie im Backofen bei 180°C keimfrei machen oder mit heißem Wasser gründlich abspülen.

Achtung: Es darf auf keinen Fall passieren, dass der Hamster schwerere Einrichtungsgegenstände wie etwa Steine unterbuddelt. Die Einstreu könnte nachrutschen und der Stein den Hamster unter sich begraben.

Sandbad

Eine Schale mit Chinchillasand kann dem Hamster zumindest probeweise angeboten werden. Manche Hamster baden darin, was so aussieht, dass sie sich herumwälzen und schütteln. Sie pflegen auf diese Weise ihr feines Fell. Es kann aber auch sein, dass der Hamster mit dem Sandbad nichts anzufangen weiß. Bei Zwerghamstern sollte es jedoch nicht fehlen.

Hamstertoilette

Schon in den ersten Tagen, bei jungen Tieren in den ersten Wochen, in der neuen Behausung, wird sich der Hamster eine Urinecke suchen, in die er immer wieder geht. Das vereinfacht die Säuberung. Es ist zum Beispiel möglich, genau in dieser Ecke unter die Einstreu, auf den Käfigboden, eine rechteckige Keramikschale zu stellen. So sickert der leicht ätzende Urin nicht bis auf den Käfigboden durch. Trotzdem muss aus der Urinecke des Hamsters täglich die Einstreu herausgenommen und durch neue ersetzt werden. Kotkügelchen und feuchte Stellen können Sie mit einem Löffel oder mit einer speziellen kleinen Kunststoffschaufel, wie es sie im Zoohandel gibt, entfernen.

Laufrad – ja oder nein?

Hamster sind bewegungsfreudige Tiere. In der Natur legen sie auf ihren nächtlichen Wanderungen zur Futtersuche weite Strecken zurück. Nach Futter müssen sie im Käfig zwar nicht mehr lange suchen, aber die Lauferei haben sie deswegen nicht aufgegeben. Das Rad brauchen vor allem Hamster, die nicht genügend Gelegenheit zum Freilauf haben. Sie können sich sehr ans Laufrad gewöhnen.

Für den Goldhamster hat das Rad die Ausmaße 15 cm Durchmes-

ser und 8 cm Breite, damit er das Rückgrat nicht zu stark durchbiegt. Das Rad, aus verchromtem Draht, darf auf keinen Fall an beiden Seiten offen sein. Die Seite, an der die Achse liegt, muss geschlossen sein, sonst kann es zu Quetschungen und Todesfällen kommen. Bei frei stehenden Laufrädern ist die Gefahr groß, dass sich der Hamster zwischen Ständer und Rad einquetscht. Quietscht das Laufrad, hilft ein Tropfen Speiseöl.

Bei Zwerghamstern ist darauf zu achten, dass die Abstände der Gitterstäbe auf der Lauffläche gering sind. Es gibt Laufräder mit Juteband zwischen den Stäben. Das schont die Pfötchen der Zwerghamster. Leider sind diese Räder nicht achsseitig geschlossen. Sie können ein Band aus festem Stoff auch selbst in ein Laufrad einflechten. Sie führen es einmal über und einmal unter einer Gittersprosse hindurch. Es gibt aber gerade für Zwerghamster gut geeignete Laufräder mit Holzsprossen.

Unnütz bis verboten

Zubehör aus Kunststoff im Hamsterkäfig muss nicht sein, es gibt sehr viele gute Spielgeräte und Beschäftigungsgegenstände aus Holz. Kunststoff kann angenagt werden, muss also auf jeden Fall splitterfest sein. Ganz besonders ist von sogenannten Hamsterspielzeugen abzuraten, die für den Hamster nichts

• • • TIPP • • •

Der Trick mit der Röhre

Kommt Ihr Hamster partout nicht auf die Hand, versuchen Sie es mit einem Trick, bevor Sie nach ihm greifen und ihn dadurch noch scheuer machen. Halten Sie ihm eine hinten geschlossene Röhre (zum Beispiel Versandröhre aus Pappe), eine Schachtel oder Dose vor die Nase. Sobald der Hamster, neugierig wie er ist, hineingekrochen ist, decken Sie die vordere Öffnung mit der Hand ab. Senken Sie das Behältnis leicht, so dass der Hamster hinausrutscht – und Ihnen gleich in die Hand gleitet. Aber bitte nur innerhalb des Käfigs oder in Bodennähe, nicht etwa auf Ihrer Höhe!

mit Spiel zu tun haben, etwa das Hamsterauto oder die rundum geschlossenen Hamsterkugeln. Hamster auf engstem Raum mit winzigen Lüftungsschlitzen einzusperren ist schlicht tierschutzwidrig.

Vorsichtige Annäherung

Der Hamster wird, nach dem Abenteuer des Umzugs von der Zoohandlung zu Ihnen, zu Hause erst einmal völlig in Ruhe gelassen. Sie beobachten ihn, geben ihm täglich frisches Futter, sprechen ihn freundlich und mit leiser Stimme an. Ihre Bewegungen sind ruhig, nicht hektisch. So vergeht etwa eine Woche. Dann erst beginnen Sie damit, dem Hamster Futter aus der Hand anzubieten. Waschen Sie die Hände zuvor mit unparfümierter Seife und zerreiben anschließend etwas Einstreu aus dem Käfig zwischen den Fingern. Ihre Hand bewegt sich nicht, und sie legen den beliebtesten Hamsterleckerbissen auf die Handfläche. Nehmen Sie nur ganz kleine Portionen, sodass der Hamster sich immer wieder nähern muss und sich nicht gleich mit der ganzen Ration davonmacht, um dann in Sicherheit zu bleiben. Fasst er allmählich Zutrauen, bleibt neben der Hand sitzen oder wagt sich sogar mutig darauf, versuchen Sie, mit einem Finger vorsichtig über das Fell zu streicheln. Das kann ein paar Tage dauern, vielleicht sogar zwei, drei Wochen. Verhalten Sie sich wieder ganz ruhig, wenn der Hamster Anstalten macht zurückzuschrecken. Irgendwann wird es klappen, und Sie können den Hamster streicheln. Bei jeder Abwehrbewegung des Tieres beenden Sie die Annäherungsversuche wieder.

Ohne Futter funktioniert die Zähmung auch, dann kann sie aber länger dauern. Sie halten dem Hamster einfach regelmäßig immer wieder die flache oder gewölbte Hand hin, bis er sich an ihre Anwesenheit gewöhnt hat und sie sogar in seine Aktivitäten einbezieht.

Der Hamster ist kein Streicheltier. Zahm wird er nur, wenn Sie sich immer wieder geduldig mit ihm beschäftigen.

Hamster hochnehmen

Niemals wird der Hamster auf die Hand genommen, ohne vorher angesprochen zu werden. Er wird nicht von oben oder mit einem Griff ins Nackenfell gepackt. Es gibt zwei Möglichkeiten, den Hamster auf die Hand zu nehmen: Sie bieten ihm die offene Handfläche an, bis er hinaufsteigt. Dann krümmen Sie die Hand leicht und legen die zweite Hand wie ein Dach darüber. So fühlt sich der Hamster zwischen Ihren warmen Händen wie in einer kleinen Höhle. Die andere Möglichkeit: Ihre Finger umfassen den Hamster in der Körpermitte, die andere Hand stützt ihn sofort von unten. Achten Sie darauf, wie immer Sie den Hamster halten, dass er keinen Satz nach vorn macht oder sich zwischen den Fingern durchdrängelt. Darin sind Hamster behände.

Erst wenn der Hamster ganz zutraulich ist und sich mit Ihrer Hand auskennt, ist Freilauf im Zimmer möglich.

Überraschungsfund nach der Kletterpartie. Hamster mögen solche Spiele.

Das Möhrenstückchen muss sofort als Vorrat ins Versteck gebracht werden.

Gemischte Kost für kleine Nager

Zwerghamster, gerade für den Roborowski, ist das handelsübliche Goldhamsterfutter zu grob. Mischen Sie es mit einer guten Samenmischung oder Wellensittichfutter, das verschiedene kleine Hirse- und Hanfsamen enthält.

Hamster fressen nicht alle Bestandteile des Fertigfutters, es bleibt immer etwas übrig, was sie verschmähen. Warten Sie also mit dem Auffüllen nicht, bis der Napf endlich leer ist.

Frisches steht je nach Saison zur Auswahl.

Vielseitig, aber nicht viel

Auch Tiere mögen Abwechslung, und der Hamster will nicht immer nur dieselbe trockene Fertigfuttermischung vorgesetzt bekommen. Zum handelsüblichen oder selbst zusammengestellten Körnerfutter wird ihm also noch anderes angeboten: Obst, Gemüse, Grünes.

Fertigfutter

Gutes Fertigfutter für Hamster gibt es im Zoofachhandel. Achten Sie auf das Verfalldatum, auf die Angabe der Inhaltsstoffe und eine Nährwerttabelle. Für die kleinen

Selbst zusammengestellt

Sie können das Futter für Ihren Hamster auch komplett selbst zusammenstellen, dann können Sie sich für eine Auswahl aus kontrolliert biologischem Anbau entscheiden. Woraus sich zum Beispiel eine abwechslungsreiche Mischung zusammensetzen kann, sehen Sie im Kasten S. 45. Ein Goldhamster kommt gut mit etwa 15 Gramm Futter am Tag aus, das entspricht ungefähr einem

Unter den vielen Leckereien für Hamster gibt es auch Dickmacher.

Esslöffel voll. Es kommt auf die Zusammensetzung an.

Nur in Maßen

Alles, was Fett enthält, wird dem Hamster am besten nur abgezählt gegeben, und viel Fett steckt zum Beispiel in Nüssen. Ein Sonnenblumenkern oder wahlweise ein Pinienkern pro Tag, eine halbe Erd- oder Hasel- oder Walnuss pro Woche genügt. Geben Sie Fertigfutter, vergessen Sie nicht, Erdnuss- oder Sonnenblumenkerne in dieser Mischung mitzuzählen.

Auch viele der im Zoofachhandel erhältlichen Leckerbissen gehören

zu den Dickmachern, auf die gut verzichtet werden kann, etwa auf Nagerdrops. Zwar schmecken sie dem Hamster gut, dennoch sollten Sie Leckereien aus Wiesen- und Kräuterheu oder Hamsterwaffeln, wie etwa Nagerglocken bevorzugen.

Checkliste Futtermix

- ○ Haferflocken, -körner, -rispen
- ○ Maiskörner und -flocken
- ○ Reisflocken, Puffreis
- ○ Weizenkörner
- ○ Sonnenblumenkerne
- ○ Erdnüsse
- ○ Pinienkerne
- ○ Haselnüsse oder Macadamia
- ○ Walnüsse oder Pecannüsse
- ○ Kürbiskerne

- ○ Johannisbrot
- ○ Kolbenhirse
- ○ Buchweizen
- ○ Getrocknete Weinbeeren und andere Trockenfrüchte (ungeschwefelt)
- ○ Nudeln, roh oder gekocht (ungesalzen)
- ○ Knäckebrot
- ○ Zwieback
- ○ Hundekuchen

Hamstermenü: Spaß mit Sprossen

Dieses Hamstermenü schmeckt nicht nur gut, sondern ist auch gesund und macht den Tieren viel Spaß:

■ Säen Sie in einer Schale Sprossensamen oder Sprießkornmischungen aus.

■ Wässern Sie regelmäßig, und gießen Sie das überschüssige Wasser ab. Nach wenigen Tagen beginnen die ersten Hälmchen zu sprießen.

■ Sind sie hoch genug gewachsen, setzen Sie dem Hamster beim Freilauf die ganze Schale vor. Er wird hineinklettern und sich mit Vergnügen darüber hermachen. Aber lassen Sie ihn nicht unendlich lange schwelgen.

Nagen oder Fressen?

Knabbern, Nagen, Hamstern, Fressen, das sind feine Unterschiede. Der Hamster frisst gar nicht so viel, wenn er sich über den frisch aufgefüllten Napf hermacht. Das meiste verstaut er in den Backentaschen und trägt es in seine Vorratskammer. Die ist wahrscheinlich im Schlafhäuschen, aber vielleicht hat ja er andere Geheimverstecke gefunden. Nagen ist für den Hamster eine Notwendigkeit. Er hat, wie Kaninchen und Meerschweinchen, wurzellose, ständig nachwachsende Zähne, die durch die Abnutzung beim Nagen immer auf der gleichen

Im Paradies aus frischen Sprossen kann sich der Hamster verstecken und außerdem noch frische Kost genießen.

Mit den Pfoten hält der Hamster sein Obststückchen fest, um genüsslich zu fressen.

Länge gehalten werden. Knabbern kann er hingebungsvoll, manchmal sogar mit geschlossenen Augen, an den Leckereien, die er besonders gern mag.

Bieten Sie ihm Erdnüsse und Sonnenblumenkerne immer in der Schale an, knacken Sie eine Walnuss und geben ihm eine Hälfte, aus der er sich die Nuss selbst herausholen muss. Ein bisschen Anstrengung im sonst so bequemen Hamsterleben ist gerade beim Fressen nicht unangebracht.

Wann und wie füttern?

Der Hamster möchte nach dem Aufwachen und nach seiner üblichen Körperpflege möglichst bald Futter vorfinden.

Ein gefüllter Napf mit Körnerfutter steht also vom späten Nachmittag an schon für ihn bereit. Sie können das Futter sogar schon am Morgen nach der Käfigkontrolle nachfüllen.

Frischfutter dagegen wird auch wirklich frisch gereicht, also immer erst dann, wenn der Hamster am Abend aufgewacht ist. Auch wenn er täglich einen annähernd gleichen Rhythmus hat, kann es mal vorkommen, dass er länger schläft.

Alles, was der Hamster frisch bekommt, ist zimmerwarm, es wird nicht unmittelbar vorher aus dem Kühlschrank geholt. Spülen Sie gekauftes Obst und Gemüse mit kaltem Wasser ab und tupfen es trocknen.

Der Hamster erhält sein Frischfutter immer nur in kleinen Portionen, aber lieber öfter etwas davon und öfter etwas anderes. Was er nicht bald gefressen hat, wird nicht lange im Käfig liegen gelassen. Vor allem saftiges Obst und Gemüse wird aus dem Käfig entfernt, sobald er sich nach der ersten längeren Wachphase am Abend wieder zum Schlafen zurückzieht. Alle anderen Reste werden spätestens am nächsten Morgen aus dem Käfig gefischt. Abends, wenn der Hamster sein Schlafhäuschen verlassen hat, kontrollieren Sie, ob er dort nicht Saftfutter gehamstert hat. Es kann schimmeln und die anderen Vorräte werden feucht.

Der Futternapf ist frisch gefüllt.

Obst und Gemüse

Die Auswahl ist groß und kann mit den Jahreszeiten wechseln. Bieten Sie Obst und Gemüse jeden Tag an, und immer wieder auch aus der Hand.

Obst, zum Beispiel: Apfel, Birne, Kirsche, Erd- und Himbeere, Blaubeere, Traube, Pflaume, Nektarine, Kiwi, Melone, Banane, Mango.

Gemüse und unbehandelte Salate, zum Beispiel: Möhre, Kürbis, Mais, Fenchel, Zucchini, Brokkoli, Topinambur, Rucola, Chicoree, Feldsalat, Endivie, Spinat und, allerdings nur in den kleinsten Mengen, da sie recht viel Fett enthält, auch Avocado.

● ● ● T I P P ● ● ●

Besonders begehrt

Zwei- bis dreimal in der Woche bekommt Ihr Hamster einen Leckerbissen, den er Ihnen aus der Hand fressen wird: Nehmen Sie etwas körnigen Frischkäse oder Magerquark oder -joghurt auf den Finger. Der Hamster wird ihn begeistert ablecken. Das schafft auch gleich wieder eine angenehme Verbindung zu Ihnen.

Gutes Heu

Hamster benötigen nicht wie Kaninchen und Meerschweinchen Heu als Grundnahrungsmittel. Sie fressen davon nur wenige Teile, zerlegen es aber gern und polstern damit das Nest aus. Gutes Heu für Hamster besteht aus feinen, langen Grä-

Der Hamster sucht das Beste zuerst heraus.	Auch wenn er dabei ganz unten wühlen muss.

sern, es stammt von ungedüngten und ungespritzten Wiesen. Es duftet angenehm und ist grün, nicht gelb, braun oder grau. Es staubt nicht und hat keine schimmeligen oder gar feuchte Stellen. Es enthält keine getrockneten Disteln.

Nicht nur vegetarisch

Hamster dürfen am Tag unbesorgt ein bis zwei Mehlwürmer fressen. Die können Sie mit der Pinzette reichen, wenn Sie sie nicht gern anfassen. Zur Abwechslung nehmen Hamster auch gern Grillen oder getrocknete Garnelen. Die gibt es im Zoofachhandel und Mehlwürmer bekommen Sie dort gleich tütenweise. Davon, Käfer oder andere Insekten aus der Natur zu sammeln, um sie dem Hamster vorzusetzen, muss abgeraten werden. Abgesehen davon, dass gerade Insekten oft schützenswert sind, können diese kleinen Lebewesen durch Umweltgifte belastet sein.

Ein kleines Stück Hundekuchen oder ein Crockett aus dem Hundetrockenfutter darf es auch sein, aber nicht öfter als einmal pro Woche.

Die Zwerghamster bekommen etwas mehr tierisches Futter als Goldhamster.

Draußen sammeln

Wenn Sie für den Hamster Wildpflanzen und Grünes aus der Natur sammeln, dann nicht an Straßenrändern und -gräben, Bahndämmen, auf gedüngten Wiesen oder Grünflächen, auf denen sich Hunde tummeln. Nehmen Sie nur so viel miere, Wegerich, Hirtentäschel, Huflattich, Salbei, Sanddornbeeren, Weißdornbeeren und Hagebutten.

Legen Sie auch frisch geschnittene Zweige mit Knospen oder hellgrünen Blättern in den Käfig, zum Beispiel von Weide, Erle, Birke, Buche, Obstbäumen. Die Zweige sollen ungespritzt und nicht durch Vogelkot verunreinigt sein. Zum zarten Geschmack der Knospen kommt der Spaß am Knabbern an der saftigen Rinde.

Giftig und verboten

Der Hamster darf weder Süßes wie etwa Schokolade fressen noch Gesalzenes oder Gewürztes und nichts, was aus der Dose kommt

mit, wie der Hamster als Tagesration frisst. Sie können suchen nach: Gräsern, am besten mit reifen Rispen, Gänseblümchen, Löwenzahnblättern und -blüten, Vogel-

Nichts hält den Hamster davon ab, alle erhöhten Standorte zu erklimmen und alle Höhlungen zu erkunden.

Aus der Sicherheit der Höhle heraus kann der Hamster überblicken, was draußen passiert.

Hausbewohner an, sodass es schade wäre, auf dieses kostenlose Angebot, das zumindest einen Teil des Jahres immer frisch und vitaminreich zur Verfügung steht, ganz zu verzichten.

oder tiefgefroren war. Giftig sind für ihn: Kartoffelschalen und -keime, Bohnen und Zwiebeln sowie das Grün von Tomaten und Möhren. Außerdem natürlich alle Wildpflanzen, die auch für Menschen giftig sind.

Wenn Sie vorhaben, für Ihren Hamster in Wald und Flur nach Grünfutter zu suchen, und sich nicht ganz genau auskennen, ist es am besten, Sie schlagen in einem Pflanzenführer nach. Dort erfahren Sie, welche Pflanzen giftig oder ungenießbar sind. Und übrigens auch, welche unter Schutz gestellt sind. Aber die Natur bietet durchaus genug bekömmliche und abwechslungsreiche Kost für Ihren kleinen

Arbeiten fürs Futter

Lassen Sie sich etwas einfallen, setzen Sie dem Hamster das Futter nicht immer nur einfach vor. Wenn er sich ab und zu bemühen muss, tut das seiner Fitness durchaus gut. Immerhin müsste er sich als Wildtier auch anstrengen, um sein Futter zusammenzusuchen. Verstecken Sie einfach einen Happen, legen Sie zum Beispiel einen Sonnenblumenkern unter eine Schachtel. Sie können bei diesen Gelegenheiten auch feststellen, wie Hamsters Geruchssinn arbeitet. Zu oft sollte der kleine Kerl aber solche Mühen auch wieder nicht auf sich nehmen müssen.

So ein Nagerkolben ist ein großer Leckerbissen für den Hamster.

Auch wenn es etwas Mühe kostet, das Feinste zuerst abzuknabbern.

Aber dann wird mit großem Genuss verspeist – oder doch gehamstert?

Hamster, gut gepflegt

Tägliche Kontrolle

Wenn von manchen der kleinen Haustiere, leider oft auch ganz falsch, gern behauptet wird, sie seien „pflegeleicht" – nun, auf den Hamster trifft dies mit Sicherheit zu. Im Hinblick auf die Fellpflege ist bei ihm so gut wie gar nichts zu bedenken, bei den Zwerghamstern noch weniger als beim Goldhamster.

Wenn Sie sich jeden Tag mit dem Hamster während des Freilaufs befassen, begutachten Sie ihn in der Hand, streichen Sie über das Fell, tasten Sie ihn sacht ab und halten Sie eine Lupe bereit, wenn Ihnen etwas auffällt. Gucken Sie nach Pfötchen, Bauch und Hinterteil, nach Ohren und Nase, sehen Sie seinen Körper genau an, wenn er rennt, sich streckt und dehnt.

Selbst ist der Hamster

Wie alle Nager – und grundsätzlich alle Wildtiere – wäscht, putzt, kämmt und pflegt sich der Hamster von Kopf bis Fuß selbst, und das nicht nur regelmäßig nach dem Aufwachen, sondern mehrmals am Tag. So wenig wie er ein Streicheltier ist, so wenig benötigt er bei der Fell- und Körperpflege die Hilfe des Menschen. Schauen Sie ihm dabei gut zu. Dann werden Sie sehen, dass Sie zu dieser Art sanfter, doch äußerst gründlicher und ausgiebiger Putzerei bei Ihrem Hamster gar nicht in der Lage wären.

Es ist immer wieder interessant und lustig, dem Hamster bei seinem Putzritual zuzugucken. Der Ablauf bleibt stets gleich. Störungen und Unterbrechungen beim Putzen hat der Hamster gar nicht gern.

Wasser? Niemals!

Für den Hamster als Tier aus Trockenzonen kann Wasser tödlich sein. Natürlich kann er, wie alle Säugetiere, schwimmen. Aber sein weiches, feines Fell ist nicht sehr wasserabweisend. Auf keinen Fall darf ihm Wasser in die Nase oder in die Ohren geraten. Ist der Hamster nass, kann er sich schnell erkälten, und eine Infektion bei diesem kleinen Tier bedeutet dann häufig schon den Anfang vom Ende. Sollte das Hamsterfell wirklich ungewöhnlich verschmutzt sein, feuchten Sie ein Wattestäbchen oder -pad nur wenig an und säubern sanft, ohne Druck, die verschmutzten Stellen. Das Wasser sollte dabei nie bis auf die Haut des Hamsters vordringen.

Bürsten? Nur die Langhaarigen!

Fellpflege ist allerdings bei Angorahamstern notwendig, weil unvermeidlich Reste von der Einstreu in den langen Haaren hängen bleiben. Mit einer Kleintierbürste oder weichen Zahnbürste werden sie ganz vorsichtig mit dem Fellstrich herausgebürstet. Hat der Hamster kleine Knoten oder Verfilzungen oder verklebte Stellen im Fell, versuchen Sie gar nicht erst, sie herauszukämmen, sondern schneiden Sie sie schnell und sicher mit einer stumpf endenden Schere heraus. Passen Sie auf, dass sich der Hamster nicht gerade bewegt.

Flankendrüsen

Zu beiden Seiten des Körpers besitzt der Hamster kleine Drüsen. Es sind Stellen ohne Fellbewuchs, die nur dann gut zu sehen sind, wenn der Hamster sich putzt oder wenn Sie

ihm vorsichtig gegen den Strich ins Fell pusten. Jedenfalls sind diese „kahlen Stellen" ganz normal. Geht dem Hamster allerdings noch an anderen Stellen das Fell aus, kann das ein Hinweis auf eine Erkrankung sein.

Struppiges Fell

Das Hamsterfell ist, außer beim Angora- und Rexhamster, fein anliegend und leicht glänzend. Sieht es struppig oder matt aus, kann ein Grund dafür sein, dass dem Hamster Vitamine fehlen. Bei ausgewogener Ernährung kommt das kaum vor. Im Zoofachhandel erhalten Sie als Futterergänzungsmittel Vitamine als Pulver oder Tropfen. Streuen oder träufeln Sie diese Nagervitamine auf das Futter, das der Hamster

Die Flankendrüsen sind nicht immer zu erkennen: Es sind die kleinen kahlen Stellen an beiden Seiten des Körpers.

Hamster hamstern

Hamster haben an jeder Seite der Schnauze Backentaschen. In ihrem Innern ist es trocken, und dort befinden sich kleine Borsten. Vieles von dem, was sich Hamster ins Mäulchen stopfen, wird gar nicht gefressen, sondern landet in den Backentaschen. Wenn sie ganz gefüllt sind, sieht der Hamster manchmal richtig unförmig aus. Bis zu 18 Gramm Futter kann der Hamster in seinen Backentaschen abschleppen. Das wird alles gehamstert, nämlich in seiner Vorratskammer versteckt und gehortet. Ist der Hamster dort angekommen, streicht er mit den Pfoten von außen über die Backentaschen und entleert sie auf diese Weise. Der Hamster hamstert für Notzeiten, als ob er noch in der Wüste lebte. Das Schlimmste für ihn ist Schokolade und andere Süßigkeiten. Es lässt sich nämlich nicht wie Körner oder festes Futter vollständig wieder aus den Backentaschen herausdrücken. Dann verklebt alles und die Backentaschen können sich entzünden.

gleich vertilgt. Vielleicht mag er ja die Tropfen auch und leckt sie Ihnen sogar vom Finger.

Zähne putzen?

Wenn der Hamster von Anfang an immer genügend hartes Material zum Nagen zur Verfügung hat, wird er keine Probleme mit den Zähnen bekommen. Er ist in dieser Hinsicht zum Glück viel weniger anfällig als Meerschweinchen oder Kaninchen.

Ab und zu schauen Sie in sein Mäulchen. Aber Zahnfehlwuchs würde sich fast immer sofort bemerkbar machen: Dann kann der Hamster nicht mehr richtig fressen.

Hamstern oder lieber gleich fressen?

Ein Blick in die Ohren

Wichtig ist noch, Hamsters Ohren ab und zu zu kontrollieren. Sie sind, wie das Fell, fast immer sauber und trocken. Sollten Sie jedoch Verkrustungen entdecken, schauen Sie mit aller Vorsicht in die Ohrmuschel. Aber säubern Sie sie nicht etwa mit einem Wattestäbchen. Sofern es sich nicht nur um oberflächlichen Schmutz handelt, fragen Sie lieber den Tierarzt.

Pfoten und Zehen

Dem Hamster die Zehennägel zu schneiden wird sich kaum als notwendig erweisen, wenn er immer ausreichend Gelegenheit zum Laufen auch auf gröberem Untergrund hat, zum Beispiel auf Steinen. Sie könnten quer über seine tägliche Laufstrecke einen Ziegelstein legen, den er übersteigen, oder einen Hohlziegel, den er duchlaufen muss. Das Klettern über Stock und Stein genügt meist schon. Außerdem buddelt der Hamster ja eifrig und dabei werden seine zarten Zehennägel wie von selbst gefeilt.

Nehmen Sie in Abständen seine Füße und Zehen unter die Lupe. Der Hamster kann sie sich bei seinen zahlreichen Aktivitäten auch verletzen. Und sollten die Nägel wirklich einmal zu lang geworden sein, lassen Sie sie am besten vom Tierarzt schneiden. Es sei denn, Sie selbst haben das Fingerspitzengefühl, das beim Umgang mit den kleinen und nicht eben ruhigen Tieren nun einmal unabdingbar ist.

Die beste Pflege: Sport

Sie müssen also wirklich nicht viel tun für den Hamster, er sorgt schon sehr gut für sich allein. Voraussetzung dafür, dass er sich immer körperlich fit fühlt, ist, dass er viele Gelegenheiten bekommt, sich zu bewegen. Dabei allerdings müssen Sie ihm schon behilflich sein

Das Putzritual verläuft immer gleich.

Störungen beim Putzen mag er gar nicht.

und ihm etwas bieten. Dem Hamster fällt irgendwann in seinem Käfig nicht mehr viel ein. Immer nur ins Laufrad, das ist auf Dauer zu einseitig. Vor allem der Goldhamster braucht dann eben seinen täglichen Freilauf.

Beweglich muss der Hamster schon allein deshalb bleiben, um sich bis in sein hohes Hamstergreisenalter so putzen zu können, wie das für sein Wohlbefinden notwendig ist. Denn beim Putzen muss er sich schließlich stark verrenken, drehen und wenden können. Über seine Sauberkeit geht ihm nichts!

Volle Konzentration gehört einfach dazu.

Der Hamster ist ein kleines Tier, zwar nicht sehr empfindlich, aber auch nicht gerade robust. Damit er seine durchschnittlich zwei Lebensjahre lang gesund und munter bleibt, muss mit ihm sorgsam und behutsam umgegangen werden. Wer sich mit seinem Hamster jeden Tag beschäftigt und ihn gut kennen lernt, kann auf kleinste Anzeichen von Veränderung gleich reagieren.

NATÜRLICH GESUND

So bleibt der Hamster gesund

Goldhamster und Zwerghamster sind nicht besonders anfällige Tiere. Im Grunde sind sie kleine, zähe, das heißt ziemlich widerstandsfähige, Wildtiere. Die Ursachen für die meisten Erkrankungen von Hamstern liegen in falscher Behandlung durch den Menschen.

Damit der Hamster gesund bleibt, muss in seiner Umgebung alles stimmen. Schon durch eine kleine Veränderung kann es manchmal zu einer weiter reichenden Störung kommen, aus der sich in kürzester Zeit eine schwere Krankheit entwickeln kann. Das heißt dann beim Hamster leider nicht selten, dass er stirbt.

Wenn Sie sich dem Hamster jeden Tag widmen, wissen Sie bald, wie sich ein gesundes Tier verhält, wie es aussieht, wie viel es frisst. Darum ist es wichtig, den Hamster aufmerksam zu beobachten und zu begutachten, ihm jeden Tag nahe zu kommen.

Der gesunde Hamster

Ein gesunder Hamster...

- wacht jeden Nachmittag oder Abend etwa um dieselbe Zeit auf,
- verhält sich nach dem Aufwachen immer annähernd nach demselben Ablauf: Strecken, Gähnen, Putzen, Fressen,
- hat weit geöffnete, blanke Knopfaugen,
- bewegt ständig schnuppernd die saubere, trockene Nase,
- hat saubere Ohren,
- hat eine saubere, trockene Schwanzregion,
- frisst ohne Schwierigkeiten,
- hamstert eifrig,
- bewegt sich im Käfig behände,
- hat einen rundlichen Körper, ist nicht zu fett und hat keine eingefallenen Flanken,
- hat einen angenehmen Geruch nach Sägespänen und Heu,
- hat feines, anliegendes Fell.

Tierarztbesuch

Zögern Sie es niemals lange hinaus, mit dem Hamster zum Tierarzt zu gehen. Es trifft keineswegs zu, wie bisweilen leichtfertig angenommen wird, dass einem so kleinen Tier ja doch nicht zu helfen ist. Je früher Sie bei geringsten Auffälligkeiten reagieren, desto aussichtsreicher ist die Hilfe. Manchmal kann sich eine Behandlung über eine längere Zeit hinziehen. Die müssen Sie sich nehmen und dem Hamster die Chance zum Genesen geben. Rechnen Sie auch damit, dass die Tierarztkosten bisweilen die Kosten für die Anschaffung eines Hamsters übersteigen können.

So sieht ein gesunder Hamster aus: blanke Knopfaugen und glitzerndes Fell.

Das verkürzt sein Leben

Goldhamster werden im Durchschnitt zwei Jahre, Zwerghamster etwa eineinhalb Jahre alt. Was sich auf ihr Leben vor allem verkürzend auswirkt, ist Stress, am häufigsten ausgelöst durch Störungen des Hamsters in seiner Schlafzeit. Andere Stressfaktoren sind:

- Kälte unter 18° C,
- Hitze über 30° C,
- Schwankungen der Temperatur, Zugluft und
- zu hohe Luftfeuchtigkeit,
- Rauch und
- Lärm.
- Verdorbenes, falsches, einseitiges, feuchtes Futter und
- ein unsauberer Käfig mit feuchter, verschmutzter Einstreu,
- Mehrfachhaltung (vor allem beim Goldhamster),
- zu wenig Platz im Käfig und
- zu wenig Auslaufmöglichkeiten,
- fehlendes Ausleben von Nage- und Buddeltätigkeit,
- Jagen und Einfangen,
- zu langes Spielen,
- Unfälle durch Absturz und
- falsche Laufräder.

Krankheiten

Alle Krankheiten der Hamster kommen nicht in auffälliger Häufigkeit vor, hamstertypische Krankheiten sind vielmehr selten. Nur einige Krankheiten sind auf andere Hamster übertragbar. Wenn Sie mehrere Hamster haben, ist es ratsam, bis zur Klärung der Krankheit und ihrer Ursachen durch die Tierärztin oder den Tierarzt die Tiere zunächst zu trennen.

Auch wenn noch nicht zu erkennen ist, ob der Hamster erkrankt ist, gibt es ein sicheres Alarmzeichen:

Sein Allgemeinbefinden ist deutlich gestört, was sich zum einen daran zeigt, dass er nicht mehr frisst, zum anderen an Bewegungsunlust und Reizbarkeit.

Haut und Haar

Bei Hautpilzerkrankung rötet sich die Haut, es bilden sich Bläschen, Krusten und Kahlstellen. Sie kann durch Pilzbefall, zum Beispiel über falsche Einstreu, ausgelöst werden. Die Krankheit äußert sich durch starken Juckreiz. Sie ist für Men-

Der Hamster muss wühlen, sonst fehlt ihm etwas.

schen ansteckend, vermeiden Sie den direkten Kontakt zum Hamster.

Räudemilben wie Sarcoptes oder Notoedres kommen beim Hamster selten vor. Bei einem Befall rötet sich die Haut, sie wird borkig und hart. Der Hamster leidet unter starkem Juckreiz, was ihn äußerst reizbar macht. Eine Unterversorgung durch Vitamin A und E kann zu Grunde liegen. Sofort zum Tierarzt.

Auch Haarausfall und struppiges Fell werden oft durch Vitaminmangel verursacht. Wenn keine weiteren Symptome damit einhergehen, genügen zusätzliche Vitamingaben.

Bei äußeren Verletzungen etwa durch Beißereien gehen Sie zum Tierarzt. Die Heilungschancen sind für den Hamster gut, aber bisweilen kann es sich doch als notwendig erweisen, dass operiert werden muss.

Knochenbrüche

Frakturen, verursacht in erster Linie durch Abstürze, sind die häufigsten Verletzungen des Hamsters.

Auch Verkriechen ist für sein Wohlbefinden wichtig.

Vor allem stürzt er ab, weil er nicht sicher in der Hand gehalten wird. Aber er macht sich ja auch gern selbstständig und hangelt sich zum Beispiel an einer Gardine hinauf. Nun sind Hamster zwar Kletterkünstler – aber nur, was das Aufsteigen betrifft. Dafür, wie sie wieder hinunterkommen, haben die kleinen Tiere kein Gefühl. Aufgrund ihrer Anatomie, durch die kurzen Beine, können sie einen Aufprall nicht abfedern.

Bei schweren Brüchen, etwa der Wirbelsäule oder des Beckens, ist Hilfe nicht möglich. Anders ist das zum Beispiel bei Beinbrüchen. Die kleinen Gelenke eines Hams-

ters können zwar nicht eingegipst, aber durchaus genagelt werden.

Doch die Folge von Abstürzen aus größerer Höhe oder eines unglücklichen Aufkommens sind oft auch innere Verletzungen. Dann gibt es kaum noch eine Rettung für das kleine Tier.

Verdauungsorgane

Bei einer Salmonellose, die ausgelöst wird durch Salmonellen in Vogelkot und verschmutzter Einstreu, wird der Hamster merklich schlapp. Er nimmt kein Futter mehr auf und bekommt Durchfall. Die Krankheit ist selten, kann aber ansteckend für Menschen sein. Gehen

Goldhamster sind nur als junge Tiere gern zusammen. Zwerghamster mögen's auch gesellig.

Kranke Hamster wirken oft müde.

Sie mit dem Hamster sofort zum Tierarzt.

Auslöser für die Nassschwanz-krankheit ist Stress, hervorgerufen etwa durch einen zu kleinen Käfig, Futterumstellung oder durch plötzli-che oder zu frühe Trennung von der Mutter. Diese Darmkrankheit kommt bei jungen Hamstern vor, die nicht älter als acht Wochen sind. Die gesamte Fellregion im Be-reich des Schwanzes ist feucht. Es kann dann auch zum Darmvorfall kommen. Sofort zum Tierarzt! Die Gabe von Antibiotika kann noch

Gefährliche Symptome

Bei diesen Symptomen sofort zum Tierarzt:

- Verklebte, triefende oder nur halb geöffnete Augen
- Trockene Augen
- Triefende Nase
- Niesen
- Husten
- Schnaubendes Atmen
- Verstärktes Speicheln
- Stumpfes oder gesträubtes Fell
- Haarausfall
- Hamster putzt sich nicht
- Juckreiz, gerötete Haut
- Kahle Stellen im Fell, Verkrustungen
- Keine Futteraufnahme
- Praller, harter Bauch
- Abmagerung
- Verschmutzte oder feuchte Analregion
- Durchfall
- Kein Kotabsatz
- Bewegungsstörungen, etwa Steifheit der Gelenke
- Verkrümmtes Sitzen
- Verfärbungen an Beinen und Schwanz
- Schläfrigkeit, Apathie
- Zittern, Krämpfe
- Quietschen oder Kreischen
- Reizbarkeit
- Wunden
- Verletzungen durch Abstürze

Ausgiebiges Putzen ist ein gutes Zeichen. Kranke Hamster vernachlässigen sich.

helfen, wenn die Krankheit gerade am Anfang ist.

Häufigste Ursache für Durchfallerkrankungen ist falsches Futter oder Futterumstellung. Setzen Sie sofort jedes Frisch- und Grünfutter ab, achten Sie auf ausreichende Raumtemperatur und reinigen Sie den Käfig, ohne den Hamster zu sehr zu stören. Wenn der Hamster Durchfall hat, warten Sie nie länger als 24 Stunden, bis Sie den Tierarzt aufsuchen.

Zähne und Maul

Hat der Hamster Schwierigkeiten beim Entleeren der Backentaschen, lassen Sie lieber die Tierärztin oder den Tierarzt in sein Maul gucken, bevor Sie das selbst tun. Der Hamster kann falsches Futter gesammelt haben oder bei seinen Ausflügen im Zimmer Gegenstände wie etwa Nadeln aufgenommen haben.

Besonders gefährlich für den Hamster ist Zuckriges, ob es nun Schokoladenstückchen oder Gum-

Checkliste: Vor dem Tierarztbesuch notieren

- ○ Wie alt ist der Hamster?
- ○ Seit wann haben Sie ihn?
- ○ Seit wann sind Veränderungen aufgetreten?
- ○ Wie sehen diese im Einzelnen aus?
- ○ Wann hat der Hamster zuletzt gefressen?
- ○ Was hat er an Futter bekommen?

- ○ Könnte er in seiner Umgebung etwas Schädliches aufgenommen haben?
- ○ Hat er getrunken? Auffallend viel?
- ○ Wie verhält er sich?
- ○ Sind Kotabsatz und Urin normal?
- ○ Bringen Sie eine Kotprobe mit zum Tierarzt.

mibärchen sind. Das muss auch Kindern immer wieder gesagt werden. Denn natürlich nimmt der Hamster diese Leckereien nur zu gern. Aber sie verkleben seine Backentaschen, die sich dadurch

entzünden können. Eine Entzündung können Sie auch an verschmutzten Mundwinkeln erkennen.

Augen

Hamster können an Keratokonjunktivitis erkranken, einer Entzündung der Augen, die sich zunächst mit Tränenfluss, dann mit dem Austrocknen der Augen bemerkbar macht. Hervorgerufen wird sie durch Bakterien, die durch zu feine, staubige Einstreu oder Augenverletzungen begünstigt werden. Ältere Hamster erkranken daran auch ohne besondere äußere Einwirkungen. Setzen Sie den Hamster keinem grellen Licht aus und gehen Sie gleich zur Tierärztin oder zu Ihrem Tierarzt. Bei dieser Augenentzündung wie auch bei einer äußeren Verletzung des Auges muss der Hamster eventuell operiert werden.

Tumore

Sie sind häufig altersbedingt, der Hamster kann aber schon nach einem Lebensjahr oder sogar früher daran erkranken. Tumore können im und am ganzen Körper des Hamsters auftreten. Sie sind als kleine Knötchen unter der Haut fühlbar. Ob sich eine Operation lohnt, hängt davon ab, welche Organe davon in welchem Ausmaß betroffen sind, wie weit die Krankheit fortgeschritten ist und wie der Allgemeinzustand des Tieres ist. Möglich sind Operationen grundsätzlich auch beim kleinen Hamster. Sie werden zum Beispiel auch bei Gebärmutterentzündungen vorgenommen.

Lungen/Atemwege

Eine Lungenentzündung wird häufig durch Zugluft, Kälte oder starke Temperaturschwankungen im Hamsterzimmer begünstigt. Sie zeigt sich an Nasensekret, Niesen, schnaubendem Atmen, Verweigerung von Futter und Gewichtsabnahme. Achten Sie auf eine ausreichende Raumtemperatur, setzen Sie den Hamster weder Zugluft noch Feuchtigkeit aus. Zum Tierarzt müssen Sie möglichst bald gehen.

Hat der Hamster Nasenausfluss, ist die Ursache ebenfalls oft Unter-

kühlung. Auch in diesem Fall müssen Sie auf eine Raumtemperatur von 20°C achten.

Bewegungsapparat

Durch Vitamin-E-Mangel kommt es unter Umständen zu Muskeldystrophie. Geben Sie dem Hamster Weizenkeime, Hafer oder Haferkeime, Joghurt oder Quark und grünes Gemüse oder ganz frisch gepflückte Wildpflanzen.

Osteoarthritis ist eine Alterserkrankung des Hamsters. Es handelt sich um entzündliche Prozesse in den Gelenken, über denen sich dann die Haut strafft. Beine und Schwanz verfärben sich bläulich, die Gelenke werden steif. Es kann zur Selbst-

Hamster, die so munter sind ...

heilung kommen, dann bleiben allerdings die Versteifungen bestehen, oder der Tod tritt nach wenigen Tagen ein.

Übergewicht

Grundsätzlich leben dünne Hamster länger als dicke. Sie fühlen sich auch wohler. Überfütterung durch viele fetthaltige Leckerbissen und zu wenig körperliche Betätigung sind lebensverkürzende Faktoren. Verwöhnen Sie den Hamster also lieber mit einfallsreichen Spielen, mit Sport und herausfordernder Beschäftigung als mit Extraportionen eines noch so begehrten Futters.

Hamster bewegen sich in der Natur viel, also ist der tägliche Auslauf oder bei Zwerghamstern ein vielseitig gestalteter Käfig wichtig, um das kleine Tier fit und gesund zu halten.

Zu fette Hamster sind nicht mehr sehr bewegungsfreudig, sie haben Polster und auffallende Wammen. Hübsch sehen sie also auch nicht mehr aus.

Der alte Hamster

Wann ist ein Hamster alt? Die ersten Alterserscheinungen machen sich beim Goldhamster schon nach einem Jahr bemerkbar, bei Zwerghamstern natürlich früher. Alte Hamster bekommen ein matteres Fell, sie schlafen mehr, sie fressen weniger, sie sind nicht mehr so

...und so neugierig in die Welt gucken,

sind fit und gesund und fühlen sich wohl.

Nase in die Luft und sichern: Gesunde Hamster sind an allem sehr interessiert.

munter. Nehmen Sie den alten Hamster nur noch mit aller Vorsicht in die Hand, behandeln Sie ihn insgesamt noch schonender und rücksichtsvoller als ein junges Tier. Auf ausgewogenes, gutes und vitaminreiches Futter sowie auf die richtige Raumtemperatur ist bei ihm dringend zu achten.

Hamster, die unter besten Voraussetzungen gehalten werden und bis ins hohe Alter nicht erkranken, werden irgendwann immer matter und schlafen oft einfach ein.

Es gibt einige klar altersbedingte Krankheiten, dazu gehören zum Beispiel Leberzysten. Der Bauch des Hamsters wird auffällig dicker. Sie sind inoperabel und führen immer zum Tod des Tieres.

Kranke Hamster
Bei allen Unpässlichkeiten ist für den Hamster vor allem eins wichtig:

Ruhe. Pfötchen halten beruhigt den Hamster nicht.

Bei allen Erkältungskrankheiten können Sie mit Rotlicht für Wärme – nicht Hitze! – sorgen, aber so, dass sie nur in eine Ecke des Käfigs ausstrahlt. Der Hamster muss sich daraus leicht in einen anderen Bereich zurückziehen können, sollte es ihm zu warm werden. Über 30 °C sollte die Temperatur auf keinen Fall betragen.

Bei Verschmutzungen des Fells als Folge von Durchfall säubern Sie den Hamster ganz vorsichtig mit einem mit lauwarmem Wasser angefeuchteten Wattestäbchen.

Medikamente können dem Hamster auf seinem Lieblingsleckerbissen gegeben werden. Bei Appetitlosigkeit hilft nichts anderes, als ihm

kleinste Tropfen mit einer Pipette ins Mäulchen zu träufeln.

Machen Sie bei diesem kleinen Tier keine Experimente, warten Sie nicht auf Besserung und geben Sie auf keinen Fall irgendwelche Medikamente, die für Menschen oder andere Haustiere verschrieben worden sind.

Eine schwere Entscheidung

Darüber müssen sich leider auch die Besitzer kleiner Tiere Gedanken machen: Wann ist ein Tier so erkrankt, dass jede weitere medizinische Behandlung nur noch eine Qual ist? Sie wissen, wie sich der Hamster als gesundes Tier verhalten hat. Wenn die Beinträchtigungen deutlich sind, dann sollten Sie nicht zögern und ihn einschläfern lassen. Zu warten, bis er stirbt, ist sicher auch nicht leichter.

Hamster sind flink und wollen laufen.

Gesund mit Naturheilverfahren

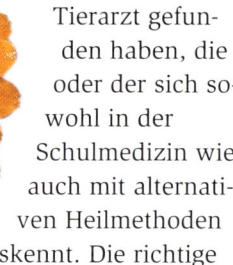

Viele Menschen möchten heute auf Medikamente mit unerwünschten Nebenwirkungen verzichten und halten Ausschau nach alternativen Heilmethoden. Da mögen sie auch ihren Tieren nicht mehr zumuten, mit den „Hämmern" unter den Arzneimitteln behandelt zu werden. Homöopathie und Bach-Blüten-Therapie sind Formen der Naturmedizin, die beim Tier ebenso gut anwendbar sind wie beim Menschen.

Wenn der Hamster noch nicht so ernsthaft erkrankt ist, dass ganz schnell eine sofort wirkende Hilfe angezeigt ist, ist gerade bei einem kleinen Tier wie ihm mit den sanfteren Naturheilverfahren oft schon genug zu erreichen. Sie belasten seinen Organismus nicht so stark und haben keine schädlichen Nebenwirkungen. Die normalen Arzneimittel können unter Umständen schon zu viel für ihn sein. Andererseits gilt für den Hamster, dass jede Verzögerung bei der Behandlung schnell tödliche Folgen haben kann. Hier gilt es abzuwägen, und es ist gut, wenn Sie eine Tierärztin oder einen Tierarzt gefunden haben, die oder der sich sowohl in der Schulmedizin wie auch mit alternativen Heilmethoden auskennt. Die richtige Einschätzung einer Erkrankung ist für den Hamster lebensnotwendig.

Tierärzte, die sich mit Hamstern beschäftigen, werden sich danach erkundigen, wie das Tier gehalten wird. Denn es sind hauptsächlich Haltungsfehler verantwortlich für die Stress auslösenden Faktoren, die dann wiederum zu Erkrankungen führen.

Homöopathie

Tierheilpraktiker, die die klassische Homöopathie anwenden, sehen das Tier immer als Ganzes. Sie sind nicht nur auf das eine erkrankte Organ konzentriert, sondern ziehen zur Beurteilung einer Erkrankung die Lebensumstände des einzelnen Tieres sowie sein Wesen heran.

Die Homöopathie wurde im 19. Jahrhundert durch den Arzt und

Apotheker Samuel Hahnemann begründet. Sie besagt im Grundsatz, dass Ähnliches durch Ähnliches zu heilen sei.

Ein Arzneimittel kann in hoher Dosierung Symptome verursachen, die den vorhandenen Krankheitserscheinungen ähneln. Die Gesamtheit dieser Symptome nennt man Arzneimittelbild. Jedes Krankheitssymptom entspricht einem Arzneimittelbild. Danach richtet sich die Wahl des homöopathischen Arzneimittels. Ein Mittel kann aber nur mit Hilfe von mehreren Symptomen gefunden werden.

Ein Beispiel: Schwefel in größeren Mengen führt beim Gesunden zu Hautentzündungen, in homöopathischen Dosen kann er sie heilen, wenn die Krankheitsbilder mit denen des Arzneimittelbildes – hier Schwefel – übereinstimmen. Das passende homöopathische Arzneimittel findet sich also durch den Vergleich von Krankheitsbild und Arzneimittelbild. Durch Homöopathie soll der Organismus dazu angeregt werden,

Ein Hamster, der sich zum Schlafen zurückzieht, will nicht mehr gestört werden.

Naturheilkundliche Hausapotheke

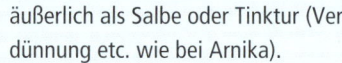

Arnica montana (Arnika)
Zur Wundbehandlung (z. B. Ballenabszesse), desinfizierend, schmerzlindernd, entzündungshemmend, heilungsfördernd;
äußerlich als Salbe oder Tinktur
(5–10 Tropfen Arnika-Tinktur mit 1 Eßl. Wasser verdünnen), innerlich z. B. Arnika D4, 3x tägl. 1 Tropfen.

Atropa belladonna (Tollkirsche)
Bei Atemwegsinfekten und Entzündungen;
innerlich z. B. Belladonna LM6, 3x tägl. 1 Globulus.

Calendula officinalis (Ringelblume)
Zur Behandlung schlecht heilender Wunden
(z. B. Ballenabszesse);

äußerlich als Salbe oder Tinktur (Verdünnung etc. wie bei Arnika).

Hepar sulphuris (Kalkschwefelleber)
Bei Hauterkrankungen mit starkem Juckreiz, stumpfem Fell und bei Atemwegsinfektionen; innerlich, z. B. Hepar sulphuris D12, 1x tägl. 1 Globulus.

Nux vomica (Brechnuss)
Bei Magen-Darm-Störungen;
innerlich, z. B. Nux D6, 2x tägl. 1 Globulus, mindestens 10 Tage lang.

Pulsatilla vulgaris (Küchenschelle)
Bei schleimigem Durchfall;
innerlich, z. B. Pulsatilla D6, 3x tägl. 1 Globulus.

Viscum album (Mistel)
Zur Eindämmung von Tumorwachstum durch Unterstützung des Immunsystems;
innerlich, z. B. Viscum D4, 3x tägl. 1 Globulus.

**Unterschiedliche Darreichungsformen homöopathischer Arzneimittel:
Verreibung, Tabletten, Globuli und alkoholische Verschüttelung.**

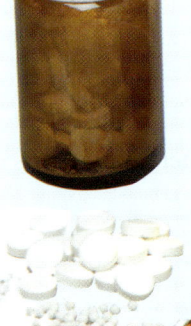

Homöopathische Dosen können dem kleinen Hamster gut angepasst werden.

die eigenen Widerstandskräfte und die Selbstheilungskräfte des Körpers zu mobilisieren.

Den Mitteln liegen Naturheilstoffe tierischen, pflanzlichen und mineralischen Ursprungs zugrunde. Ausgangssubstanz für die Mittel ist die sogenannte „Urtinktur". Sie wird mit Alkohol verdünnt und geschüttelt oder als Milchzuckerverreibung angemischt. Das geschieht nach einem festgeschriebenen Verfahren in Zehnerschritten, das Potenzierung genannt wird. Eine D1-Potenzierung bedeutet, dass das Verhältnis Urtinktur zu Alkohol oder Milchzucker 1:10 ist. Die

Homöopathie geht davon aus: Je höher die Potenz des Mittels ist, desto feinstofflicher ist seine Wirkung und entsprechend tiefer und lang andauernder ist sie dann auch. Bei Hamstern sind die Mittel gut in der C-Potenz (1:100) oder der LM-Potenz (1:50.000) anwendbar. Gerade einem kleinen Tier wie dem Hamster können also die homöopathischen Dosen gut angepasst werden. Manche Hamster nehmen die kleinen Kügelchen, die Globuli, auch recht bereitwillig an. Da sie zum großen Teil aus Milchzucker bestehen, schmecken sie natürlich angenehm süß.

Bach-Blüten-Therapie

Die Bach-Blüten-Therapie wurde um das Jahr 1935 vom englischen Arzt, Homöopathen und Bakteriologen Dr. Edward Bach (1886 bis 1936) begründet. Sie ist eine Besinnung und ein Zurückgreifen auf alte keltische Traditionen: Wild wachsende Blütenpflanzen werden zur Heilung von Krankheiten eingesetzt. Die Bach-Blüten-Therapie geht wie die Homöopathie von einem Zusammenhang zwischen Körper und Seele aus. Dabei sind es nicht in erster Linie Krankheiten, bei denen die Bach-Blüten-Therapie angewandt wird, sondern vielmehr Störungen in Konstitution, Verhalten, Gemütslage und seelischem Gleichgewicht. Denn Störungen in diesem Bereich hielt Bach für die eigentlichen Ursachen von Erkrankungen.

37 verschiedene Blüten, Kräuter und Sträucher sowie Wasser aus einer heilkräftigen Quelle liefern die Substanzen. Die aus ihnen hergestellten Essenzen sind von 1 bis 39 durchnummeriert, jede einzelne enthält den wässrigen Auszug nur einer einzigen Pflanzenart. Ausnahmen sind die Nr. 27, Rock Water, das reine Quellwasser, und Nr. 39, Rescue Remedy, die Notfalltropfen, eine Mischung aus fünf verschiedenen Blüten. Die Pflanzen werden bei sonnigem Wetter gepflückt und in eine Schale mit Wasser gelegt. Durch die Sonnenenergie soll sich ihr „Seelenpotenzial" auf das Wasser übertragen. Die Substanzen werden, konserviert mit Alkohol, in Vorratsfläschchen abgefüllt, in sogenannte „stock bottles". Die Fläschchen können Sie in der Apotheke kaufen. Bach-Blüten lassen sich bedenkenlos auch mit anderen Medikamenten kombinieren.

Beim Hamster sollte nur die Blütenessenz, mit

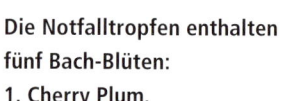

Die Notfalltropfen enthalten fünf Bach-Blüten:
1. Cherry Plum,
2. Clematis,
3. Impatiens,
4. Rock Rose,
5. Star of Bethlehem.

Wasser, aber ohne Alkohol angemischt, zur Anwendung kommen.
Als Standardverdünnung ist zwar
1 Tropfen auf 10 ml vorgeschrieben,
aber für den kleinen Hamster
genügt eine geringere Menge, 10 ml
(4 Teile Wasser, 2 Tropfen Essenz),
völlig, so dass sich eine Konservie-
rung mit Alkohol, der den kleinen
Organismus schädigen kann,
erübrigt.

● ● PROFITIPP ● ●
von Dr. med. vet.
Anne Warrlich

Probleme beim Einflößen?

Falls Sie Schwierigkeiten haben,
Ihrem Hamster die Bach-Blüten-
Tropfen einzuflößen, können Sie
auch 1–2 Tropfen der Blütenmi-
schung an einer gut zugänglichen
Stelle in die Haut einreiben.

① ② ③ ④ ⑤

77

Der TTouch beim Hamster

Linda Tellington-Jones aus den USA hat schon vor einigen Jahren einen Umgang mit Tieren begründet, der aus einem ganz neuen Ansatz entwickelt wurde. Tellington-Touch, kurz TTouch, wird diese Methode genannt. Sie beruht auf einem System aus kreisenden, unterschiedlich intensiven Berührungen auf der Haut. Dazu kommen streichende Berührungen, vor allem an den Ohren (die so genannte Ohrenarbeit). Begleitet werden diese Berührungen stets vom Ansprechen des Tieres mit beruhigender Stimme. Dadurch wird die eigene Atmung ruhig und gleichmäßig, was sich positiv auf die Beziehung zum Tier auswirkt.

Der TTouch aktiviert neue Nervenbahnen und Gehirnzellen. Das Tier lernt auf neue Weise zu vertrauen. Ängste, Stress und Verspannungen werden abgebaut, eingefahrene Verhaltensmuster aufgebrochen, Beschwerden gelindert und die körpereigenen Kräfte aktiviert. Der TTouch vertieft außerdem die körperliche und seelische Beziehung zwischen Mensch und Tier.

Auch beim Hamster kann der TTouch erfolgreich angewendet werden. Hamster sind allerdings quicklebendige Tiere, die, wenn sie einmal wach sind, nur selten still halten. In bestimmten Situationen wirken die TTouches beim Hamster am besten, etwa unterstützend bei Unpässlichkeiten oder begleitend zu einer medizinischen Therapie.

Bei Hamstern empfiehlt es sich, die TTouches mit zwei gleich großen, weichen Vogelfedern und grundsätzlich nicht mit den Fingerspitzen zu machen. Dabei wird kaum Druck ausgeübt, nur etwa so viel, dass es dem Putzen mit den Pfötchen des Hamsters gleichkommt. Die Federn werden in beide Hände genommen und zuerst sanft über den Körper des Hamsters von vorn nach hinten geführt. Dann werden die Federn in winzigen kreisenden Bewegungen über den

●● PROFITIPP ●●
von TTouch-Expertin
Linda Tellington-Jones

Jeder kann es lernen

„Ich rede mit den Tieren mit beruhigender Stimme und dehne die Worte wie „guuut". Das verlangsamt automatisch die Atmung und Bewegung und macht mich sicher. Das Tier spürt das und spiegelt meine Sicherheit wider. Spannungen bauen sich ab."

ganzen Körper des Hamsters geführt, jeder Kreis auf einer imaginären Uhr von 6:00 bis 6:00 und weiter bis 9:00, also mit einem kleinen $1\,{}^{1}/_{4}$-Kreis. Auch die Ohrenarbeit wird mit Federn gemacht.

Bei den ersten TTouches können Hamster zunächst leicht irritiert wirken und wollen neugierig die Federn erkunden. Als nicht sozial lebende Tiere kennen sie, einmal erwachsen geworden, keine gegenseitige Körperpflege, andererseits haben sie sie wie alle Säuger als Jungtiere erfahren und zu genießen gelernt. Die Anwendung des TTouch empfiehlt sich beim Hamster, wenn er in seinem Wohlbefinden ein bisschen eingeschränkt und matter als sonst ist oder im Anschluss an die Freilauf- und Spielzeit, wenn er gerade beginnt zu ermüden, aber noch nicht so richtig schläfrig ist. Natürlich können die TTouches am Anfang nur sehr kurz sein. Sie müssen sich nach der Reaktion des Hamsters richten. Aber zum Beispiel gerade der ältere Hamster, der nicht mehr so ganz bewegungsfreudig ist und nicht mehr gern in die Hand genommen wird, kann den TTouch mit Federn als angenehm empfinden.

Ausführliche Informationen über Anwendung und Wirkung des TTouch sind in dem Buch „Der neue Weg im Umgang mit Tieren" von Linda Tellington-Jones enthalten. Sie vermittelt den TTouch (für Pferde, Hunde, Katzen) auch in Deutschland in Vorträgen und Seminaren (Adresse auf der hinteren Umschlagklappe).

Hamster sind bewegungsfreudige und neugierige Tiere. Eine anregende, abwechslungsreiche und vielgestaltige Umgebung fordert sie heraus. Da können sie erst so richtig zeigen, was in ihnen steckt. Sie brauchen Platz zum Laufen, Wühlen und Klettern, das alles gehört zu ihrem angeborenen Verhalten. Gelegenheit dazu haben sie beim Auslauf im Zimmer und in einem großen Käfig.

SPIEL & SPASS

Freilauf

1 Durchkriechen: Da macht sich der Hamster ganz klein und flach und findet Wege durch Röhren, Kobel, Tunnel, unter Brücken und Baumrinden.

2 Buddeln und Wühlen: Je tiefer die Einstreu, desto eifriger ist der Hamster bei der Sache. Er taucht nur zu gern in die Tiefe ab und lässt sich nicht mehr blicken.

Zwang ist tabu

Bei allen Spielen mit dem Hamster ist das oberste Gebot: Sie begeben sich hinunter zum Tier, und nicht umgekehrt, dass Sie das Tier zu sich oder auf einen Tisch heraufholen. Alle Hamsterabenteuerspielplätze werden auf dem Boden angelegt, nicht etwa auf einem Tisch. Abstürze sind Todesursache Nummer 1. Lassen Sie sich also auf Hamsterebene herab. Auch sonst bestimmt der Hamster den Ablauf der Spiele, indem er sich aussucht, was ihm Spaß macht. Er wird zu nichts gezwungen.

Verstecken: Wo ist der Hamster geblieben? Er erkundet mit Vorliebe alle Schlupflöcher, sucht Gänge und Verzweigungen und saust hinein und wieder hinaus.

Klettern und Balancieren: Geht es hinauf, steigt der Hamster auf Äste und Brücken, Steine und Leitern. Er überquert Hindernisse sicher und vorsichtig.

Feldforschung: Ringsum frisches Grün, und schon beißt sich der Hamster eine Schneise durch den sprießenden Dschungel.

Zuerst muss er zahm sein

Ihr Hamster knurrt nicht, taucht nicht ab und schreckt nicht mehr zurück? Er kommt vertrauensvoll auf Ihre Hand? Und Sie sind ganz sicher darin, ihn in der Hand zu halten? Dann ist nun endlich die Zeit gekommen für den Auslauf im Zimmer. Der Käfig genügt auf Dauer nicht, zumindest dem Goldhamster nicht. Zwerghamster, die eine ausreichend große Behausung haben, vor allem die Roborowski-Zwerghamster, sollten nicht im Zimmer laufen. Sie sind allzu flink und huschig.

Hamster – ausgeschlafen, munter und zum Spielen aufgelegt

Eine Absicherung, wenn der Hamster im Zimmer unterwegs ist, ist unumgänglich. Niemals darf sich der Hamster in der ganzen Wohnung frei bewegen. Einige Räume sind völlig ungeeignet für den Aufenthalt eines so kleinen Tieres, zum Beispiel die Küche. Gucken Sie den

So eine Weidenbrücke ist eine tolle Sache: Der Hamster kann sich darunter verstecken.

Oder er kann hinaufklettern, weil ihn jeder Weg nach oben lockt.

Checkliste: Gefahrenquelle beim Freilauf

- ○ Zimmertür, Fenster
- ○ Kabel
- ○ Steckdosen
- ○ Offene, mit Wasser gefüllte Gefäße
- ○ Hohe, offene Gefäße
- ○ Schränke
- ○ Teppiche
- ○ Sofaritzen
- ○ Schubladen
- ○ Herabhängende Gardinen

- ○ Giftige Topfpflanzen oder Schnittblumen
- ○ Spitze Gegenstände
- ○ Plastikgegenstände
- ○ Gebeiztes oder lackiertes Holz
- ○ Teppichschlaufen
- ○ Glatte Böden wie Parkett oder Laminat
- ○ Kalte Fußböden
- ○ Heizkörper
- ○ Lüftungsschächte

- ○ Hamster sind unvorstellbar schnell: eben noch in einer Zimmerecke, plötzlich genau vor Ihren Füßen. Bewegen Sie sich deshalb mit aller Vorsicht und offenen Augen, wenn der Hamster frei läuft.
- ○ Am sichersten: Hamster beim Freilauf nicht unbeaufsichtigt lassen.

Raum, in dem der Hamster laufen soll, aus seinen Blickwinkel an. Schauen Sie unter und hinter Schränke, begutachten Sie das Mobiliar, schauen Sie sich alle Ecken genauestens an, ob es irgendwo Durchschlupfe und Gefahrenquellen gibt. Der Hamster kann sich plötzlich unglaublich flach und klein machen und ist im Nu verschwunden!

Und wenn die Aussicht von oben lange genug genossen wurde...,

...geht es wieder abwärts, neuen Hamsterabenteuern entgegen.

Jedes Spielzeug wird auf seine Tauglichkeit geprüft...,   **...und zwar in alle Richtungen.**

Am besten ist es, den Hamster während der ganzen Zeit des Freilaufs im Blick zu haben. Beschäftigen Sie sich mit ihm, widmen Sie sich dem Tier die eine Stunde, viel

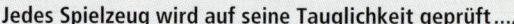

● ● ● TIPP ● ● ●

Die Tür bleibt offen

Sie müssen das Zimmer, in dem der Hamster frei läuft, zwischendurch verlassen? Dann lassen Sie die Tür ganz offen und klemmen in den Türrahmen eine etwa 40 cm hohe, stabile und festsitzende Pappe. Der Hamster kann sie nicht überwinden. Aber Sie können diese Barriere leicht übersteigen und kommen jederzeit hinaus und wieder hinein. Nur beim Betreten des Zimmers ist besondere Vorsicht geboten, dass Ihnen nicht gerade der Hamster unter die Füße läuft.

mehr Zeit verlangt er ja gar nicht. Und diese Zeit sollte sowohl für Sie als auch für den Hamster vergnüglich sein. Richtig witzig und interessant wird es mit dem Hamster vor allem dann, wenn er eine Vielzahl an Spielgelegenheiten vorfindet. Die müssen Sie sich für ihn einfallen lassen.

Wachzeiten berücksichtigen

Spielen Sie mit dem Hamster nur dann, wenn er seine üblichen Phasen der Aktivität hat. Der Hamster ist in seinem Tagesablauf ziemlich verlässlich. Und Sie haben ihn ja inzwischen gut kennen gelernt. Er kann zu Recht sehr mürrisch reagieren, wenn er nicht genügend Zeit hatte, nach seinem gewohnten Ritual aus dem Schlaf zu erwachen.

Vielleicht kommt er hier ja weiter.

Hamster finden immer neue Wege.

Oder möchten Sie schon morgens, gleich nachdem der Wecker geklingelt hat, zu einer Runde Jogging aufgefordert werden? Spielen sie nicht zu lange, achten Sie beim Hamster auf alle Anzeichen von Müdigkeit und setzen Sie ihn zurück in den Käfig, bevor er sich im Zimmer in eine Ecke zurückzieht.

Eine Hindernisstrecke ist für den Hamster eine Herausforderung: Weiter geht's!

Unterwegs im Zimmer

Unsere Wohnräume sind nicht gerade die ideale Umgebung für Hamsters Erkundungsausflüge. Wo der Hamster ein kleinteilig strukturiertes und abwechslungsreiches Biotop haben möchte, findet er nur für seine Verhältnisse große und langweilige Möbelstücke vor. Bauen Sie ihm also eine richtige kleine Landschaft im Zimmer auf. Damit ist er beschäftigt, und das hält ihn auch von dummen Gedanken ab, wie etwa, sich an der Gardine hinaufzuhangeln oder sich hinter Schrank und Wand hinaufzustemmen oder in einer Sofaritze zu verschwinden. Hamster wollen zwar gern Höhlen erkunden und möglichst immer hoch hinaus, aber um die Rückkehr machen sie sich keine Gedanken. Sie haben eben kein Gefühl für derart seltsam aufgebaute Welten wie die des Menschen. Bleiben Sie die Stunde, die der Hamster läuft, am besten bei ihm, sehen Sie ihm zu, beziehen Sie sich selbst in die Spiele ein. Das stellt auch durch die Nähe zu Ihnen immer wieder eine Beziehung her, soweit sie bei Hamstern eben möglich ist.

Werden Hamster stubenrein?

Da der Hamster seine Kloecke im Käfig hat und nicht gleich nach dem Schlafen aus dem Käfig zum Freilauf geholt wird, wird er nur selten ins Zimmer machen, sondern vor dem Freilauf diese Ecke aufsuchen. Und wenn es passiert – es sind nur ein paar Tröpfchen, und die kleinen Kotröllchen lassen sich gleich entfernen.

Stubenrein nach menschlichem Verständnis wird der Hamster nicht.

Am liebsten hat der Hamster viele verschiedene Landschaftselemente.

Hinunterzukommen ist nicht so leicht.

Denn das ist er nach seinen Lebensgewohnheiten und in seiner natürlichen Umgebung ja schon, und zu anderem Verhalten lässt sich das kleine Wildtier nicht erziehen.

Abenteuerspielplätze

Der Hamster braucht Anregungen und Abwechslung in seiner Umgebung. Da Laufen, Buddeln, Nagen und Klettern zu seinen angeborenen Verhaltensweisen gehören, sollte er sie in den Stunden des Freilaufs ausgiebig ausleben dürfen.

Die Wühlkiste

Der Hamster wird begeistert sein, wenn er auf seinem Ausflug im Zimmer eine Wühlkiste vorfindet. Das kann eine große Holzkiste sein, eine Kunststoffwanne aus dem Baubedarf oder eine Zinkwanne oder auch ein ausgedientes Aquarium, wobei Sie darauf achten müssen,

mit welchem Kleber die Scheiben gekittet sind. Er darf selbstverständlich nicht giftig sein. Geeignet ist jedes rundum gut abgedichtete und tiefe Behältnis. Sorgen Sie nur dafür, dass der Hamster nicht über den Rand der Wühlkiste hinausstürzen kann. Wenn Sie nicht bei ihm bleiben wollen, sichern Sie sie nach oben mit einem Drahtgitter ab.

In der Wühlkiste findet der Hamster einen Tummelplatz mit tiefer Einstreu vor, einem Gemisch aus Sägespänen, Sand, Heu, Laub und im Backofen keimfrei gemachter Erde. In dieser gefüllten Kiste kann der Hamster nach Herzenslust herumwühlen und sich tiefere Gänge

graben als im Käfig. Vielleicht bekommen Sie ihn eine ganze Weile nicht zu sehen, wenn er sich gerade bis in die tiefsten Schichten vorarbeitet.

Sollte der Hamster darauf kommen, sich in seiner Wühlkiste eine Kloecke zu suchen, müssen Sie dort täglich die feuchte Einstreu entfernen.

Spielplatz

Auch wenn der Hamster in seinem Käfig schon einiges an Zubehör zum Spielen hat, ist das Aufstellen von Elementen im Zimmer etwas ganz anderes. Richten Sie dem Hamster auf dem Boden eine Landschaft her. Die Grundfläche ist

Müde Hamster ziehen sich manchmal auch mitten in der Spielstunde zurück.

Giftige Zimmerpflanzen und Schnittblumen

- Agave
- Agapanthus
- Aloe
- Alpenveilchen
- Amaryllis
- Azalee
- Birkenfeige
- Bogenhanf (Sanseveria)
- Christrose
- Christusdorn
- Chrysantheme
- Clivie

- Dieffenbachie
- Efeu
- Efeutute
- Engelstrompete
- Einblatt
- Eisenkraut
- Farne
- Fensterblatt
- Geranie
- Gummibaum
- Hortensie
- Hyazinthe

- Kalla
- Kakteen
- Maiglöckchen
- Mistel
- Narzisse
- Oleander
- Osterglocke
- Passionsblume
- Philodendron
- Primel
- Wandelröschen
- Weihnachtsstern

größer, also werden die Wege länger. Gut ist alles, was für Überraschung, Abwechslung und Beschäftigung sorgt. Bauen Sie einen Parcours aus Wippen, Leitern, Ziegeln, Steinen, Hölzern, Kork, Weidenbrücken, Tunneln, Papprollen, gespannten Seilen, verzweigten Ästen, Kobeln auf. Im Zoofachhandel, im Haushalt oder in der Natur finden sich immer wieder neue Angebote.

Verstecken Sie an immer wechselnden Stellen Futter, aber nur wenig, nur ein kleines Apfelstückchen oder einen Mehlwurm zum Beispiel. Sie können bei dieser Gelegenheit beobachten, wie sich der Hamster verhält, nachdem er einmal etwas Futter gefunden hat: Sucht er beim nächsten Mal gleich wieder an derselben Stelle? Und was macht er mit dem gefundenen Fressen? Wird es irgendwo gehamstert? Oder doch lieber gleich gefressen?

Spielwiese

Stellen Sie dem Hamster eine nicht zu kleine, flache Schale mit frisch sprießendem Grün in den Weg, den er bei seiner abendlichen Runde gewöhnlich nimmt. Säen Sie zum Beispiel Weizen- oder Haferkörner oder anderes Saatgut – am besten aus dem Reformhaus oder Bioladen –, etwa Bockshornklee oder Linsensaat oder Fünf-Korn-Saat, in der Schale aus, und zwar gleich so, dass eine schmale Schneise zwischen den Sprossen entsteht. Nun kann der Hamster in die Schale klettern, kann sich einen Weg durch das wild wuchernde Grün bahnen und zugleich von den frischen, saftigen Hälmchen naschen.

Kletterfelsen

Schichten Sie an einer Stelle im Zimmer Steine auf, etwa bis zu einer Höhe von 30 cm und nur ganz allmählich ansteigend, also eher einen Hügel als einen Berg. Die Steine müssen stabil aufeinander liegen, und sollte der Hamster versuchen, sich durch einen Spalt zwischen mehreren Steinen zu quetschen, dürfen sie nicht nachrutschen. Einige Hohlziegel in diesem Aufbau verlocken den Hamster zum Durchkriechen.

Genug gerannt, auf zu neuen Abenteuern.

Er wird sofort erkunden, wie weit diese Felsformation nach oben führt und bis zum höchsten Punkt

Nur der Goldhamster braucht Freilauf. Für Zwerghamster ist ein großer Käfig mit vielseitiger Einrichtung besser.

11mal Spiel und Spaß mit Hamstern

1 Pfeiftöne
Reichen Sie dem Hamster einen ganz besonderen Leckerbissen immer wieder zu einem bestimmten Pfeifton oder einem Zwitschern. Nach einiger Zeit können Sie beobachten, wie er sich verhält, sobald er nur dieses Geräusch hört.

2 Strecken und Hangeln
Wie weit streckt sich der Hamster, um an einen hoch hängenden Leckerbissen zu kommen? Lassen Sie ihn mit den kräftigen Vordergliedmaßen an einem Ast oder Seil hangeln. Wegen der Absturzgefahr natürlich immer in geringer Höhe.

3 Waldversteck
Legen Sie dem Hamster beim Freilauf im Zimmer mit frischem Grün belaubte Zweige aus, durch die er sich hindurchwinden und zwischen denen er sich verstecken kann.

4 Dauerhamstern
Bieten Sie dem Hamster nicht gleich den gefüllten Napf, sondern nur einen Teil seines Futters aus der Hand an. Frisst er gleich? Sucht er nach mehr? Oder läuft er immer wieder von der Hand zum Vorratslager hin und her?

5 Blindgänge
Basteln Sie eine lange T-förmige Papprohre und verstecken an einem Ende einen Leckerbissen. Welchen Weg nimmt der Hamster, wenn er das zweite Mal zu dieser Röhre kommt?

6 Mehlwurmjagd
Lassen Sie den Hamster einen Mehlwurm verfolgen, indem Sie ihn genau vor seine Nase halten. (Vorsicht, wenn der Hamster dann blitzschnell zuschnappt! Fassen Sie den Wurm mit einer Pinzette.)

7 Futtersuche
Legen Sie Futter zwischen Wurzelholz oder in Steinritzen oder in einen Korb oder eine Holzkiste, sodass der Hamster suchen und sich abmühen muss.

8 Labyrinth
Bauen Sie ein Labyrinth aus Pappwänden auf und legen in die Mitte einen Leckerbissen. Wie findet der Hamster seinen Weg?

9 Wühlarbeit
Verstecken Sie für den Hamster in der Wühlkiste ein paar seiner Lieblingskörner oder andere trockene Leckerbissen. Bei seiner Buddeltätigkeit wird er darauf stoßen. Oder bemerken Sie, dass er gleich zielstrebig in die Richtung des Leckerbissens vordringt?

10 Seiltanz
Spannen Sie ein geflochtenes Tau (Durchmesser etwa drei bis vier Zentimeter) in geringer Höhe auf und klemmen oben zwischen zwei Seilsträngen einen kleinen Leckerbissen. Wie schafft es der Hamster, das Seil zu erklimmen?

11 Nestbau
Legen Sie im Zimmer an einigen Stellen kleine Mengen Nestbaumaterial aus (Scharpie, Papiertaschentücher). Der Hamster wird es in einem Unterschlupf zusammentragen. Bieten Sie ihm dafür eine Pappschachtel oder einen Kobel an.

Was kann mein Hamster lernen?

Können Hamster Kunststücke lernen? Nein, und du solltest auch gar nicht erst versuchen, ein Tier wie den Hamster zu dressieren. Aber wenn du deinen Hamster sehr gut kennst und weißt, wie er sich in bestimmten Situationen verhält, kannst du dein Wissen ausnutzen und deinen Freunden zeigen, was dein Hamster alles kann.

Zum Beispiel: Kriecht er in eine Pappröhre oder unter eine Baumrinde, wenn dort ein Mehlwurm versteckt ist? Beobachte ihn dabei einige Male und stopp die Zeit, die er in diesem Versteck damit verbringt, den Wurm zu verspeisen und wieder zum Vorschein zu kommen. Dann kannst du ja einen Wurm verstecken und wetten, dass der Hamster immer erst nach höflicher Aufforderung wieder herauskommt. Du schaust heimlich auf die Uhr, und wenn du weißt, dass er den Wurm bald gefressen hat, bittest du ihn, er möge sich doch jetzt wieder blicken lassen.

Vielleicht fällt dir auch etwas anderes ein. Aber zu allen Tricks gehört, dass du liebevoll mit ihm umgehst und dich nur danach richtest, was der Hamster von sich aus macht.

hinaufklettern. Er soll wieder so sicher herabklettern können, dass er unterwegs nicht abstürzt. Auch hier können Sie auf dem Gipfel einen kleinen Leckerbissen auslegen.

Beobachten und Einmischen

Sie können mitspielen, wenn der Hamster seine abendliche Tour unternimmt. Setzen Sie sich ihm in den Weg, lassen Sie ihn über Ihre Hände laufen und Ihre Beine er

klimmen. Vielleicht verschwindet er auch in Ihren Hosenbeinen oder in Ihren Pulloverärmeln. Dann müssen Sie in aller Ruhe ausharren, bis er von selbst wieder – wer weiß wo – zum Vorschein kommt.

Hamster auf dem Balkon

Das sind die Voraussetzungen: Zum einen muss der Balkon rundum abgesichert sein, sodass ihn weder Vögel anfliegen noch Katzen

Hamster bleiben lieber in ihrer gewohnten Umgebung und sind nicht gern unterwegs.

erklimmen können, zum anderen muss er nach unten und zu den Seiten hin dicht abgeschlossen sein, ohne das winzigste Durchschlupf- oder Abflussloch. Auf dem Balkon darf es nicht feucht und zugig sein, und es darf gerade vom Untergrund her, weder zu kalt, noch zu heiß werden. Dann wäre er für die warmen Abende vom Frühjahr bis zum Herbst durchaus ein ganz schöner Tummelplatz für den Hamster.

Sie könnten zum Beispiel die gesamte Bodenfläche mit Vogelsand bestreuen und dann mit allen Kletter- und Spielgeräten ausbauen zur großen Hamstererlebniswelt. Leider sind die wenigsten Balkons in dieser Art angelegt und für Hamster geeignet. Und Sie müssten bereit sein, weitgehend auf die Nutzung zu verzichten.

Hamster im Garten?

In den Garten gehört der Hamster auf keinen Fall. Er braucht, anders als Meerschweinchen und Kaninchen, kein Außengehege. Ein Durchschlupfloch oder eine Unachtsamkeit, und er ist auf Nimmerwiedersehen verschwunden. Da er kein Tier ist, das zum Menschen eine Beziehung aufbaut oder auf ihn geprägt ist, kommt er weder auf Zuruf, noch weil er Sie sucht.

Bei ausreichender Käfiggröße und genügend Auslauf im Zimmer kann der Hamster sein kurzes Leben lang ohne weiteres ausschließlich im Haus bleiben.

Der Hamster im Urlaub

Der Hamster braucht keinen Urlaub. Den hat er, als Tier, das gut versorgt wird, bei Ihnen jeden Tag. Ihm behagt weder die Reise, die er in einer kleinen transportablen Box verbringen müsste, während er schaukelnd und schwankend herumkutschiert wird, noch die fremde Umgebung, in der die Auslaufmöglichkeiten für ihn wahrscheinlich eingeschränkt sind.

Es gibt immer die Möglichkeit, den Hamster in einer Zoohandlung, zum Beispiel dort, wo Sie ihn erworben haben, für die Urlaubszeit unterzubringen. Erkundigen Sie sich rechtzeitig.

Aber besser ist es, wenn der Hamster zu Hause bleibt. Da hat er seinen großen, gut eingerichteten Käfig, in dem er sich auskennt und

wohl fühlt. Die beste Lösung ist ein Hamsterpfleger, der jeden Tag kurz vor der üblichen Aufwachzeit des Hamsters kommt, nach ihm schaut und ihn versorgt. Für Zeiträume bis zu einer Woche ist das alles überhaupt kein Problem. Sie reinigen den Käfig noch kurz vor der Übergabe und dann gleich wieder nach Ihrer Rückkehr. Sind Sie länger unterwegs, müssen Sie schon etwas mehr organisieren.

Vielleicht kennen Sie jemanden, der ebenfalls einen Hamster oder andere kleine Haustiere hat, etwa Meerschweinchen oder Rennmäuse? Dann kann jeder auf die Hilfe des anderen zurückgreifen: Nimmst du mein Tier, nehm ich dein Tier. Unter diesem Motto werden auch über den Deutschen Tierschutzbund in

Bonn Tiersitter auf Gegenseitigkeit vermittelt (Adresse im Anhang).

Stellen Sie für Ihr Tier einen Pflegepass aus. Und verabreden Sie sich möglichst immer schon einige Tage vor der Abreise und zeigen Schritt für Schritt, wie Versorgung, Pflege, Käfigsäuberung vor sich gehen. Nur wirklich Geübte, die sich mit Hamstern genau auskennen und zudem noch Zeit haben, sollten das Tier zur Spielstunde aus dem Käfig holen. Der Hamster wird es schon verkraften, wenn er für zwei, drei Urlaubswochen im Käfig ausharren muss. Wichtig ist, dass der gerade dann regelmäßig gereinigt wird.

Der Hamster steht es auch durch, wenn sein Käfig für diese Urlaubs-

wochen kleiner ist, wenn Sie also jemanden kennen, der bereit ist, den Hamster bei sich zu Hause auf-

Hinauf: Was riecht da so gut?

zunehmen, aber keinen Platz für den großen Käfig hat. Beim Freilauf in der fremden Wohnung gelten dieselben Regeln und Vorsichtsmaßnahmen wie zu Hause. Kinder der Hamsterurlaubsvertretung werden ausdrücklich um Rücksicht gebeten.

Für welche Möglichkeit Sie sich auch entscheiden, auf jeden Fall müssen Sie alles rechtzeitig in die Wege leiten, denn auch auf ein kleines Tier wie den Hamster muss die Pflegeperson sich einstellen.

Die Überraschung wird schnell gefunden.

Der Hamster ist ein Tier, das sich nicht dem Menschen anpassen kann. Er bleibt ein Wildtier, auch wenn er erste Domestikationserscheinungen aufweist. Auf seine trotz Generationen in Menschenhand beibehaltenen angeborenen Eigenschaften muss sich der Mensch einstellen. Obwohl er so klein ist und selten etwas von sich hören lässt, zeigt der Hamster recht deutlich, was er gern hat.

Verhalten verstehen

Typisch Hamster

1 Futter hält der Hamster mit den Pfoten, ein bisschen davon frisst er gleich gegen den größten Hunger, und dann wird gehamstert!

2 Wo der Hamster Unterschlupf findet, versteckt er sich gern. Beim Erkunden von Höhlen, Löchern, Ritzen ist er besonders eifrig.

3 Hamster unterwegs: Die kleinen Nager können schnell laufen. Sie huschen flach über den Boden, dabei immer Deckung suchend.

Keine Kämpfer

Hamster sind keine wehrhaften Tiere, auch wenn sie bei Begegnungen untereinander durchaus Kämpfe ausfechten. Gegen größere Tiere können sie sich kaum verteidigen. In die Enge getrieben versuchen sie es zwar mit Fauchen und Drohen und als letzte Rettung mit Totstellen. Aber ihre einzige Möglichkeit zu entkommen liegt im schnellen Erreichen ihres Baues oder eines anderen sicheren Unterschlupfes. Sie halten sich auf ihren Wegen mög-

4

Erschnüffelt der Hamster einen Leckerbissen, nimmt er jeden Weg und jede Mühe auf sich, klettert, streckt sich, bis die Suche erfolgreich verlaufen ist.

5

Immer wieder bleibt der Hamster auf seiner Runde stehen, setzt sich auf die Hinterkeulen und sichert mit erhobener Nase.

lichst an Deckungen und überqueren nicht gern offenes Gelände. In der Wohnung laufen sie deshalb vorwiegend an der Wand entlang und nur selten quer durch den ganzen Raum.

Schlaf- und Wachzeiten

Wenn der Goldhamster am späten Nachmittag oder am frühen Abend aufwacht, heißt das nicht, dass er von nun an die ganze Nacht durchmacht und sich schließlich müde am Morgen wieder zum Schlafen ins Häuschen begibt. Er hat seine Hauptaktivitätszeit etwa ab 17 oder 18 Uhr, bei Zwerg-hamstern manchmal auch etwas früher. Sie dauert einige Stunden. Danach zieht er sich eine Weile zurück, um dann für kürzere Phasen in der Nacht und gegen Morgen wieder im Käfig unterwegs zu sein. Es kommt auch vor, dass der Hamster sich tagsüber blicken lässt, aber besonders gut aufgelegt ist er dann nicht.

Was der Hamster zeigen will

Putzen, Putzen, Putzen

Hamster sind reinliche Tiere. Sie putzen sich sehr häufig und sehr gründlich. Dafür benutzen sie die Zunge, mit der sie sich belecken, und vor allem die Vorderpfoten. Mit den kleinen Zehen kämmen sie ihre feinen Fellhaare richtig durch – und zwar gegen den Fellstrich. Sie hocken sich auf die Hinterkeulen und beginnen immer am Rücken, um sich dann bis zu Kopf und Fuß vorzuarbeiten. Dabei krümmen und verrenken sie sich bisweilen auffällig. Besonders das Säubern des Kopfes wird mit großer Sorgfalt vorgenommen, die Pfötchen greifen hinter die Ohren und streichen voran bis zur Nase.

In diesen Putzsituationen will der Hamster nicht gestört werden. Mit ausdauernder Pflege des Fells, vorangegangenem Strecken und Gähnen zeigt er auch, dass er entspannt ist und sich wohl fühlt.

Er putzt sich nicht nur nach dem Aufwachen, sondern auch bei anderen Gelegenheiten, zum Beispiel nach dem Entleeren der Backentaschen. Manchmal folgt plötzlich ein sehr schneller Putzdurchgang als Übersprungshandlung.

Markieren

Der Geruch des Hamsters ist für Menschen so gut wie gar nicht wahrnehmbar. Hamster markieren immer wieder mit einem Drüsensekret den Käfig und beim Freilauf in der Wohnung das Zimmer. Der Goldhamster hat an beiden Seiten des Körpers Flankendrüsen. Norma-

Ein Hamster, der sich ausgiebig putzt, zeigt damit auch sein Wohlbefinden an.

lerweise sind diese kleinen kahlen Stellen vom umliegenden Fell bedeckt. Um die Drüsensekretion an den Flankenorganen anzuregen, kratzen sich Goldhamster an dieser Stelle. Zwerghamster haben die Drüse in der Bauchmitte. Die Drüsen werden an besonderen Orten, an Steinen, Hölzern, Spielgeräten und anderem Käfig-

zubehör oder am Käfiggitter gerieben. Bisweilen wälzen sich die Hamster auch im Heu.

Mit diesem Verhalten zeigen sie, wie weit sich ihr Territorium ausdehnt.

Nicht stören! Hamster ist beschäftigt.

Körpersprache

Aufrichten und wittern:
Erkunden der Umgebung.

Vorwärts kriechen, flach auf dem Bauch, Deckung suchend: Angst, Unruhe, Unsicherheit.

Aufrichten, Pfötchen hängen lassen:
Entspannung, Aufmerksamkeit.

Aufrichten, Nagezähne zeigen, Pfötchen heben, Fell sträuben:
Abwehr, Warnung.

Aufrichten auf den Hinterpfoten, aufblasen der Backentaschen, vorweisen des dunklen Brustflecks:
Imponieren, Drohung, Warnung, Abwehrbereitschaft.

Auf den Rücken legen, Zehenkrallen entgegenstrecken, fauchen und mit den Zähnen klappern:
Schreck und Abwehr, Unterlegenheitsgeste.

Unbewegt liegen:
Größter Schreck, Schreckstarre.

Eifriger Nestbau

Der Hamster hat zwar gern Sauberkeit im Käfig, aber im Grunde behagt es ihm nicht, wenn alles geputzt wird, wenn frische Einstreu eingebracht und ihm auch noch sein Schlafhäuschen mitsamt Vorratskammer zwecks Reinigung entzogen wird. So schnell wie möglich richtet er alles wieder neu ein. Dafür zerlegt er Heu- und Strohhalme, zerfetzt Papiertaschentücher, sammelt Laub oder Scharpie oder was ihm sonst an Material zur Verfügung gestellt wird, und trägt alles in Windeseile in sein Häuschen. Er will es sich gleich nach seinen Vorstellungen gemütlich machen.

Liegt im Zimmer Nestbaumaterial und findet der Goldhamster beim Freilauf ein gutes Versteck, kann er sogar auf die Idee kommen, sich dort einen Unterschlupf anzulegen. Er kann ja nicht wissen, dass er regelmäßig wieder in den Käfig gesetzt wird.

Flinke Hamster

Die kleinen Hamster können erstaunlich schnell rennen, nicht nur wenn sie fliehen. Das können Sie auch feststellen, wenn Sie Ihren Goldhamster dazu gebracht haben, sich auf ein Signal hin einen Leckerbissen bei Ihnen abzuholen. Erkunden Hamster allerdings eine neue Umgebung, schieben sie sich eher langsam und vorsichtig, fast auf dem Bauch kriechend, voran und bewegen dabei den Kopf hin und her. Mit ihren empfindlichen Tasthaaren, zarten Sensoren, erfühlen sie sofort alle Hindernisse im Weg.

Sie können auch springen – bis zu 30 cm hohe Sprünge sind durchaus möglich. Ein Grund, nach oben hin offene Käfige gut abzusichern! Dank ihrer kräftigen Vorderbeinmuskulatur, die hervorragend zum Graben tiefer Gänge geeignet ist, sind Goldhamster auch in der Lage, geschickt zu klettern oder sich an Zweigen, Seilen oder leider auch an der Gardine hinaufzuhangeln oder irgendwo hinaufzustemmen. Zwerghamster mit behaarten Fußsohlen klettern weniger gut.

Er hat auch Töne

Der Hamster lässt normalerweise recht wenig von sich hören. Das ist bei diesem Nager aber als gutes Zeichen zu verstehen. Er kennt weder Begrüßungsquieken noch Wohl-Fühlgurren. Ein Einzelgänger wie der Hamster braucht kein großes Repertoire an Lautäußerungen.

Er macht sich in bestimmten Situationen durchaus deutlich und eindeutig akustisch bemerkbar, vor allem dann, wenn ihm irgendetwas unangenehm ist. Meist kommen Körper- und Lautsprache zusammen. Es ist dann kaum zu übersehen und zu überhören, dass das, in Abstufungen, als Protest des Tieres zu verstehen ist. Zur Abwehr von Fressfeinden, bei der Verteidigung des Territoriums und in höchster Gefahr kann der Hamster sogar ziemlich laut werden.

Der Hamster bemerkt etwas. Aber was?

Also: Nase in die Luft und schnüffeln.

Und zwar in alle Richtungen!

Knurren und Kreischen

Mit einem Knurren fängt es meist an. So zeigt der Hamster zunächst seinen Unwillen: Ihm passt irgendetwas nicht. Das kann daran liegen, dass sich der Hamster nicht wohl fühlt, vielleicht als erstes Anzeichen einer Krankheit, oder Sie behandeln ihn falsch. Fauchen ist die nächste Stufe, der Hamster muss schon deutlicher werden. Knirscht er bereits mit den Zähnen, bringen Sie besser Ihre Finger außer Reichweite der Hamsterzähne. Das ist die letzte Warnung, bevor der Hamster beißt.

Quiekt oder fiept er allerdings, ist das sein Ausdruck dafür, dass es ihm nicht gut geht. Beobachten Sie ihn. Kommen noch andere Anzei-chen, etwa von Schmerzen, dazu, ist der Hamster ernsthaft krank. Am schlimmsten, tatsächlich markerschütternd, ist es, wenn der Hamster kreischt.

Vorsicht, bissig!

Hamster können mit ihren kräftigen und langen Nagezähnen heftig zubeißen – bei Erschrecken, Angst, Störungen oder Schmerzen. Sie werden aber kaum einen bissigen Hamster erleben, wenn Sie in jeder Hinsicht rücksichtsvoll mit ihm umgehen.

Hamster, die tagsüber häufig gestört und geweckt werden, werden mit der Zeit immer mürrischer und aggressiver, und sie setzen sich in ihrer Not schließlich auch mit Bissen zur Wehr. Auch wenn sie von oben gegriffen, gereizt oder geärgert werden, können Hamster zubeißen. Das kann ziemlich wehtun und die Bissstelle kann bluten Die erste Reaktion auf den Schmerz ist dann oft, den kleinen Kerl reflexartig vom Finger abzuschütteln. Hat sich der Mensch gegenüber dem Hamster aber schon einen so massiven Übergriff erlaubt, dass das Tier ihn nur noch durch Beißen abwehren konnte, muss er den Schmerz wohl aushalten, wenn er den Hamster nicht auch noch verletzen will.

Die Lautsprache des Hamsters

Knurren:
Unwillen, Aggression, der Hamster ist mürrisch.

Fauchen:
Drohung, Abwehr.

Zähneknirschen oder -klappern:
Drohung, Warnung, Angriffsbereitschaft.

Quieken, fiepen:
Angst, Schmerzen.

Schreien, kreischen:
Schmerz, Schrecken, höchste Alarmstufe.

Die Sinne des Hamsters

Vorsichtig schleicht sich der Hamster voran, fast auf dem Bauch. Er kennt sich nicht aus.

Gutes Gehör

Gold- und Zwerghamster haben ein sehr gutes Gehör. Hamstermütter reagieren auf die leisesten Fieptöne der winzigen Jungen im Nest. Auch im Ultraschallbereich nehmen sie noch Töne wahr. Im Schlaf sind die Hamsterohren zusammengefaltet und angelegt. Nach dem Erwachen werden die dünnhäutigen Ohrmuscheln wieder entfaltet und nach vorn gerichtet. Sie sind gleich ein-

Die Augen und Ohren sind weit geöffnet, die Nase bewegt sich ständig schnüffelnd: Der Hamster ist mit wachen Sinnen unterwegs.

satzbereit. Hamster wenden ihren Kopf und ihre Ohren in alle Richtungen, um auf diese Weise Geräusche besser zu orten. Dabei spielt dann allerdings auch der Geruchssinn eine Rolle.

Sie können als Mensch also leise, mit sanfter Stimme, mit dem Hamster reden, er versteht Sie gut genug. Wenn Sie ihn regelmäßig ansprechen, sobald Sie sich ihm nähern, erkennt er schon nach einiger Zeit genau Ihre Stimme, und ein zutraulicher Hamster kommt Ihnen dann wahrscheinlich schon entgegen.

Aber Hamster erinnern sich auch an Stimmen, die sie mit einer unangenehmen Erfahrung in Verbindung bringen. Dann kann es passieren, dass sie schleunigst abtauchen, sobald sie sie wieder hören. Vor manchen Geräuschen, etwa vor schril-

Die empfindlichen Tasthaare wirken wie feine Sensoren.

lem Quietschen, erschrecken Hamster und zucken zusammen. Vermeiden Sie sie.

Tasthaare voraus

Als Tier, das sich in einem unterirdischen Gangsystem, also in völliger Dunkelheit, zurechtfindet, muss der Hamster über besondere Sinnesleistungen verfügen.

Mit den zarten Tasthaaren erkundet er die nähere, unmittelbar vor ihm liegende Umgebung. Jedes Ausmaß eines Ganges und jedes noch so kleine Hindernis im Weg wird mit Hilfe dieser zitternd schwingenden Schnurrhaare ertastet. Sie bewegen sich ja ständig, wenn der Hamster herumläuft. Da diese Vibrissen die Verbindungsenden zu Nerven bilden, mögen es Hamster gar nicht, wenn sie an den Tasthaaren unsanft berührt werden.

Ausgeprägter Geruchssinn

Die kleine, feine Nase des Hamsters ist in ständiger Bewegung. Immer wieder reckt er sie in die Höhe und nimmt Witterung auf. Da genügen ihm feinste Spuren von Düften in der Luft. Für Menschen ist das nur schwer vorstellbar, wie sich durch Gerüche und Geräusche einem Tier die Welt ebenso konkret zeigen kann wie dem Menschen aus

Mit seiner feinen Nase nimmt er alle Gerüche der Umgebung wahr.

optisch wahrgenommenen Bildern. Ihren Geruchssinn setzen Hamster vor allem auf der Suche nach Futter ein, und Hamstermütter erkennen ihre Jungen am Geruch.

Auch mit seinem Menschen verbindet der Hamster einen bestimmten Geruch. Aus diesem Grund waschen Sie die Hände nicht mit parfümierter Seife, bevor Sie sie dem Hamster entgegenhalten.

Unangenehmen Gerüchen versucht der Hamster zu entkommen. Fast sieht es so aus, als zöge er sich angewidert zurück, sogar als bereite ihm zum Beispiel ein stechender oder beißender Geruch, etwa von Putzmitteln, körperliche Schmerzen. Tun Sie Ihrem Hamster also diese Qual nicht an, und putzen Sie vor allem niemals seinen Käfig mit scharfen Reinigungsmitteln oder

Kann er umerzogen werden?

Goldhamster gehören zu den nachtaktiven Tieren. Das bedeutet, dass sie am Tag schlafen und sich erst in der Dämmerung aus ihren sicheren Verstecken hervorwagen. Auch viele unserer einheimischen Tiere sind nachtaktiv, am Tag wirst du sie nur ganz selten draußen sehen.

Aber warum ist der Goldhamster ein nachtaktives Tier? Er stammt aus Gebieten, in denen es tagsüber sehr heiß werden kann. Da verbringt er diese Zeit lieber in der Tiefe des Baus, wo es kühl ist. Dort ist er auch vor Fressfeinden geschützt. Hamster leben nun zwar schon seit siebzig Jahren bei den Menschen, aber diesen ursprünglichen natürlichen Lebensrhythmus haben sie noch immer beibehalten. Goldhamster, die am Tag ständig gestört und geweckt werden, werden immer missgelaunter und mürrischer, und irgendwann beißen sie womöglich noch. Vor allem aber verkürzen die Störungen am Tag das ohnehin nicht allzu lange Leben des Tieres. Umerziehen lässt sich der Hamster nicht, er kann nicht einfach sein Leben umstellen, so wenig wie du den ganzen Tag schlafen und dann nachts wach sein könntest.

solchen, die auch noch zusätzliche Duftstoffe enthalten.

Gesichtssinn eingeschränkt

Durch seine leicht hervortretenden Knopfaugen hat der Hamster eine recht gute Rundumsicht. Dabei nimmt er vor allem das wahr, was sich in seinem Gesichtsfeld bewegt. Er sieht auch noch einigermaßen gut im Hell-Dunkel-Bereich, und als nachtaktives Tier sieht er am Tag schlechter als in der Nacht.

Auf seinen Wegen orientiert er sich im Großen und Ganzen durchaus optisch, zumindest durch Wiedererkennen markanter Punkte in der Landschaft. Formen und Konturen aber kann er nur im Nahbereich schärfer erkennen. Farben scheint der Hamster gar nicht unterscheiden zu können.

Abstürze, etwa von einer Tischkante, kommen beim Hamster deshalb vor, weil er nicht in der Lage ist zu sehen, wie tief ein Abgrund ist. Er kann an der Tischkante stehen und sich fallen lassen. Deshalb lassen Sie ihn solche Höhen gar nicht erst erklimmen.

Hitze und Kälte

Als Tiere, die aus der Wüste oder aus Trockenzonen stammen, kennen sowohl Gold- wie auch Zwerghamster Hitze ebenso wie Kälte. Aber frei lebende Hamster können sich immer in den Schutz und die einigermaßen gleich bleibende Temperatur ihrer Baue zurückziehen. Bei der Haltung in der Wohnung und im Käfig, in dem es keine tiefen Gänge gibt, muss darauf geachtet werden, dass das Hamsterzimmer nicht zu sehr auskühlt oder zu heiß wird. Hamster haben am liebsten Temperaturen über 20 °C bis etwa 24 °C, dann jedenfalls sind sie besonders aktiv. Sicher überstehen sie noch Temperaturen unter 15 °C, aber dann sind sie deutlich müder und auch anfälliger. Zwar gibt es Versuche, bei denen Hamster Temperaturen von unter 10 °C ausgesetzt wurden und den Winter überlebten, aber das müssen Sie Ihrem Heimtier nicht antun.

Sollten Sie vergessen haben, bei Kälte das Fenster im Hamsterzimmer zu schließen, kann es zu einem Kälteschock kommen. Wärmen Sie den Hamster auf, aber nur in Ihrer Hand.

Auch zu große Hitze gefährdet den Hamster. Über 25 °C sollte das Thermometer nicht ansteigen. Ganz kritisch wird es bei 30 °C. Kann sich der Hamster nicht zurückziehen, droht Hitzschlag.

Im Dunkeln sieht er besser als im Hellen.

Zwerghamster vertragen Kälte besser.

Nachwuchs beim Hamster

Gerade geborene Hamster sind keine besonders ansehnlichen Tierkinder. Sie sind nackt und rosa und haben eher das Aussehen von kleinen Würmchen. Aber sobald ihnen das erste weiche Fell wächst, werden sie besonders niedlich.

Trotzdem sollte man sich die Sache mit dem Hamsternachwuchs gut überlegen. Vorher gilt es unbedingt zu klären, ob es Abnehmer gibt für einen Wurf von bis zu zwölf Hamsterjungen. Die ersten Würfe sind gewöhnlich kleiner, sie liegen bei drei bis vier Hamsterwelpen. Aber es gibt genug Ausnahmen. Zoohandlungen übernehmen nicht unbedingt Hamster aus einer privaten Zucht. Und ob sich unter Ihren Bekannten so viele Interessenten für Hamster finden?

Von einem Käfig mit Gitteraufsatz sollten Sie sich trennen, wenn die

Hamsterin Nachwuchs haben soll. Die Zwischenräume zwischen den Gitterstäben müssten schon sehr gering sein, wenn die Jungen nicht ausreißen sollen.

Paarung

Hamsterweibchen sind etwa alle vier bis sechs Tage paarungsbereit. Da das Weibchen im eigenen Territorium trotz Paarungsbereitschaft vor allem am Anfang noch angriffslustig sein kann, wird es zum Hamsterböckchen in den Käfig gesetzt. Oder beide Hamster begegnen sich an einem neutralen Ort. Auch dann hält sich der Bock zuerst dort auf und das Weibchen kommt dazu.

Sie sollten dabei sein, die Hamster immer im Blick,

um schnell eingreifen zu können, wenn das Männchen allzu heftig weggebissen wird. Das Männchen wird das Weibchen umkreisen und ihm immer wieder nahe kommen, schnuppern, lecken, streicheln. Nachdem sich das Weibchen anfangs noch davongemacht hat, lässt es sich nach und nach immer mehr auf die Annäherungen des Männchens ein. Dann geht es stelzbeinig, wendet dem Männchen das Hinterteil zu, und schließlich steht es, indem es das Hinterteil anhebt und das Schwänzchen steil aufrichtet.

Die Paarung findet öfter statt, wobei dann auch das Weibchen aktiv wird und seinerseits den Bock auffordert. Wenn das Weibchen durch erstes Abwehren zeigt, dass es nun genug ist, werden die beiden Tiere getrennt, bevor das Weibchen doch noch bissig wird.

Tragzeit

Die Tragzeit bei Zwerghamstern dauert zwischen 19 und 22 Tage, beim Goldhamster etwa 15 Tage, ungewöhnlich wenig. Nur bei Beuteltieren ist sie kürzer, aber neugeborene Kängurus sind völlig unentwickelt. Das weitere Heranwachsen findet bei ihnen im Beutel statt.

Während der Tragzeit wird die Hamsterin weitgehend in Ruhe gelassen, der Auslauf im Zimmer wird

Die Augen sind noch geschlossen, aber das Fell wächst schon: Hamster, etwa zwölf Tage alt.

Schon die Junghamster wühlen eifrig in der Einstreu.

gestrichen. Die Käfigsäuberung findet so schonend wie möglich statt, auf keinen Fall wird in dieser Zeit der Käfig komplett gereinigt.

Das trächtige Hamsterweibchen bekommt die doppelte Tagesration an tierischem Eiweiß. Es wird bald anfangen, noch mehr Vorräte einzuhamstern. Hoffentlich ist das Schlafhäuschen noch groß genug für den Wurf. Kontrollieren Sie vorsichtig, ob es nicht zu stark mit Gehamstertem gefüllt ist, sodass die Jungen kaum noch Platz haben.

Heranwachsen der Jungen

Die jungen Hamster kommen unbehaart, mit geschlossenen Augen und Ohren zur Welt. Sie werden sofort von der Mutter abgeleckt: Das regt ihren Kreislauf an. Neugeborene Goldhamsterwelpen sind 20 mm groß, Zwerghamster nur 15 mm.

Nach etwa fünf Tagen wiegen Goldhamsterjunge 5 g, nach 25 Tagen bereits 30 g. Dann sind sie etwa halb so groß wie ein erwachsenes Tier.

Hamsterweibchen mit Jungen werden zwei Wochen lang in Ruhe gelassen. Der Käfig wird auch in dieser Zeit noch nicht gesäubert, nur die Kloecke. Gerade junge Weibchen töten in Panik möglicherweise die Jungen oder verlassen sie, wenn sie sich gestört fühlen.

In der ersten Zeit hängen die Kleinen fast ununterbrochen an den Zitzen der Mutter, noch nach zwei Wochen trinken sie täglich fast zehn Stunden lang, nach drei Wochen drei Stunden. Nach etwa zwölf Tagen verlassen sie zum ersten Mal das Nest, dann sind ihre Augen noch halb geschlossen. Ganz geöffnet sind sie erst am 16. Tag. In der zweiten Lebenswoche werden die Hamsterjungen aktiv und übernehmen von diesem Zeitpunkt an ihre Fellpflege selbst.

Nach 22 bis 25 Tagen beginnt die Mutter, die Jungen mehr und mehr wegzubeißen. Dann sollten sie auch bald nach Geschlechtern getrennt werden. Aber wenigstens für diese Zeit sollten sie bei der Mutter und mit den Geschwistern zusammenbleiben dürfen. Es ist nämlich sehr niedlich, die kleinen Goldhamster in der Gruppe zu erleben, wenn sie im Zweier- oder Dreierpack Geräte erklimmen oder an Leckerbissen zerren. Davon darf man sich allerdings nicht so begeistern lassen, dass der Zeitpunkt der Trennung hinausgezögert wird, bis die Goldhamster geschlechtsreif sind. Es hat ja auch bei Israel Aroni kein Jahr lang gedauert, bis aus drei Goldhamstern hundert geworden waren.

Im Alter von zwei Monaten sind Goldhamster erwachsen. Bei Zwerghamstern dauert die Entwicklung etwas länger.

Zwerghamsterfamilie?

Roborowski-Zwerghamster können als Wurfgeschwister noch etwa sechs Wochen zusammenbleiben. Damit wirklich alles gut geht, müssen sie aber beobachtet werden.

Roborowskis sind schwer zu züchten, Nachwuchs stellt sich nicht so häufig ein, sodass sie auch als Pärchen gehalten werden können. Am besten in einem großen Cricetarium mit vielen Versteckmöglichkeiten.

Als Jungtiere sind alle Hamster gesellig.

Das Zusammensein ist wichtig für sie.

Probleme erkennen und lösen

Hamster, die sich immer verkriechen, werden nur mit viel Geduld zutraulich.

Scheuer Hamster

Der Hamster wird nicht richtig zahm? Hat er vielleicht ein Erlebnis gehabt, das ihm als Angst auslösend in Erinnerung geblieben ist? Dann brauchen Sie noch mehr Geduld und müssen das ganze Ablaufprogramm der Eingewöhnung und Zähmung zeitlich dehnen.

Als oberstes Gebot gilt: Berücksichtigen Sie immer die Wachzeiten des Hamsters und warten, bis er den üblichen Ablauf der Aufwach-phase vollständig hinter sich gebracht hat. Nur ein ausgeschlafener und gut gelaunter Hamster ist bereit, sich auf die Annäherung eines Menschen einzulassen.

Aber das ist sicher: Eine Beziehung, wie sie andere Haustiere zum Menschen aufnehmen, ist vom Hamster nicht zu erwarten. Trotzdem wird natürlich auch der Hamster zutraulich – würde er es nicht, wäre er nie zu einem Heimtier geworden.

Futter erleichtert die Zähmung – am besten aus der Hand.

Verkriechen beim Freilauf

Ihr Goldhamster verschwindet sofort unter dem Schrank oder in einem anderen Versteck, wenn Sie ihn auf dem Boden absetzen? Versuchen Sie nicht, ihn gewaltsam hervorzuholen. Ist er richtig wach geworden, bevor Sie ihn aus dem Käfig geholt haben? Ist er schon ganz zahm? Haben Sie Leckerbissen ausgelegt? Haben Sie dem Hamster einen Spiel- und Tummelplatz mit vielen Angeboten auf dem Boden aufgebaut? Dann setzen Sie sich, gewappnet mit Geduld, ganz ruhig ins Zimmer und warten einfach ab. Geduld heißt: Eine halbe Stunde Zeit sollten Sie dem Hamster schon geben.

Hamster entlaufen

Der Hamster hat sich aus seinem Käfig befreit? Oder er ist beim Freilauf verschwunden und taucht nicht wieder auf? Könnte er das Zimmer verlassen haben? Schauen Sie auf

Entlaufene Hamster werden
am besten mit abgezählten
Leckerbissen ausfindig gemacht.
In der Nacht machen sie sich mit
Sicherheit auf Futtersuche.

der Suche zuerst in alle offen herumstehenden Gefäße, auch in Blumentöpfe mit Erde, hinter und unter Heizungen, Schränke, Sessel, Sofas, auch in die Ritzen. Wo gibt es Durchschlupf- und Versteckmöglichkeiten? Irgendwo müssen sie ja sein. Und dann findet sie der Hamster mit Sicherheit.

Bis der Hamster wieder zum Vorschein kommt, bewegen Sie sich in der ganzen Wohnung nur mit aller Vorsicht, auch wenn Sie zum Beispiel Schuhe oder Kleidungsstücke anziehen, Türen schließen oder öffnen, Schubladen herausziehen oder hineinschieben. Überall kann der Hamster ein Versteck gefunden haben, und dort bleibt er wahrscheinlich tagsüber zunächst hocken.

Finden Sie ihn nicht, legen Sie in der Nacht in jedem Raum der Wohnung abgezählte Leckerbissen aus und zählen Sie am nächsten Morgen nach. Schließen Sie zum Raum, in dem Sie den Hamster beim Naschen ertappt haben, die Tür und stellen in der folgenden Nacht das Hamsterschlafhäuschen an der Wand auf. Wenn Sie den Ausreißer am nächsten Morgen doch nicht dort entdecken, müssen Sie sich leider weiterhin auf die Suche begeben, bis der Ausreißer endlich gefunden worden ist.

Gitternagen

Der Hamster nagt ständig an den Gitterstäben des Käfigs? Dann fehlt ihm etwas, vielleicht Zubehör für Sport und Spiel, eine vielseitig gestaltete Käfigeinrichtung, überhaupt ausreichend Platz im Käfig, etwas zum Nagen, Gelegenheit zum Graben und Wühlen, Auslauf und Beschäftigung. Auch bei immer gleichen Bewegungsabläufen des Hamsters könnten die aufgeführten Gründe vorliegen.

Winterschlaf

In einen Winterschlaf fallen Goldhamster nur dann, wenn es im Raum, den sie bewohnen, zu kalt ist. Messen Sie die Raumtemperatur genau in der Ecke, in der sich der Hamsterkäfig befindet. Kälter als 18 °C darf es für den Goldhamster nicht werden. Bei auch nur vorübergehender Kälte von 10 °C, etwa wenn Sie vergessen haben, das Fenster zu schließen, kann es vorkommen, dass der Hamster einen Kälteschock erleidet. Wärmen Sie ihn wieder auf – aber nur in Ihren Händen! Der Winterschlaf der Tiere ist immer mit einer nicht unerheblichen Belastung von Kreislauf und Organismus verbunden. Soll der Hamster gesund bleiben, ist er unbedingt zu verhindern.

Kosmos-Service

Zum Weiterlesen

Bücher
Allgemeines

Beck, Peter: Liebenswerte Hamster. Kosmos, Stuttgart 1996.

Grzimek, Bernhard: Grzimeks Tierleben. Band 11/Säugetiere 2, Kindler Verlag, München 1977.

Hollmann, Peter: Kleinsäuger als Heimtiere. In: Sambraus, H.H. und A. Steiger (Hg.): Das Buch vom Tierschutz. Enke, Stuttgart 1997.

Kittel, Rolf: Der Goldhamster. Westarp Wissenschaften, Magdeburg 1996.

Gesundheit

Isenbügel, Ewald und **Werner Frank:** Heimtierkrankheiten. Ulmer, Stuttgart 1985.

Schönfelder, Peter und **Ingrid:** Der Kosmos-Heilpflanzenführer. Stuttgart 1995.

Tellington-Jones, Linda und **Sybil Taylor:** Der neue Weg im Umgang mit Tieren. Kosmos, Stuttgart 1993.

Zeitschriften

natur & kosmos/Das Tier. natur media gmbh, München

Ein Herz für Tiere. Gong Verlag, Nürnberg

Hamster & Co. Branchen-Fachverlag Ulrich, Alheim.

Heimtier Magazin. Zoofachring, Pleidelsheim

Lebendige Tierwelt. Bundesfachverband Praktischer Tierärzte e.V. Frankfurt am Main

Magazin der Tierfreunde. via Media Verlagsgesellschaft, Wiesbaden

Tierfreund. Sailer Verlag. Nürnberg

Nützliche Adressen/Internet-Adressen

Interessengemeinschaft Heimtiere München (IHM), c/o Sabine Gehrsitz, Thierlsteinerstraße 7, 81243 München. Fon/Fax: 089/1419270. Interesseng.Heimtiere.München@gmx.net

Norddeutscher Kleinnager- & Meerschweinchenverein (NMKV) e.V. c/o Detlef Pingel, Stettiner Straße 33, 38542 Leiferde

Zentralverband Zoologischer Fachbetriebe Deutschlands e.V., Langen, Fon: 06103/910732 (nur telefonische Auskunft)

Deutscher Tierschutzbund e.V.
Baumschulallee 15, 53115 Bonn,
Fon: 0228/604960
Urlaubs-Beratungstelefon:
0228/6049627

Hamster & Co. Internetseiten:
vvmg.de/127.htm

tierfreund.de/tierarten/nager/
Hamster/hamster htm

Verein für Nagetiere & Kleinsäuger (VNK), c/o Andrea Behle,
Am Ecker 109, 42929 Wermelskirchen www.nagetier.de

Bundesverband für fachgerechten Natur- und Artenschutz e.V.
(BNA), Postfach 1.110, 76707 Hambrücken.

Tierärztliche Hochschule Hannover, Klinik für kleine Haustiere.
Fon: 0511/856-7251

Speedy's Hamster-Seiten/ Alles über und rund um Hamster:
www.fl-gruppe.de/speedy/
indexjs.htm

Hallo Kids!

Diese Kästen sind für Euch. Hier findet Ihr interessante Infos Rund um Euren Hamster. Wenn Ihr etwas über den Goldhamster Freddy erfahren wollt, dann seht doch mal auf S. 11 nach. Dort findet Ihr lustige und spannende Buchvorschläge, in denen Hamster die Hauptrolle spielen. Ob der Hamster sich gerne streicheln lässt und wie Ihr ihn sicher in die Hand nehmen könnt, erfahrt Ihr auf S. 27. Auf S. 55 könnt Ihr lesen, warum der Hamster so gerne hamstert, und wie viel Futter er in seine Backen stopfen kann. Auch ein Hamster ist zu bestimmten Zeiten zum Spielen und Herumtollen aufgelegt. Welche Spiele er liebt und was Ihr ihm alles beibringen könnt, lest Ihr auf S. 93 und S. 94.

Register

Danksagung

Autorin und Verlag bedanken sich bei den Kosmos-Expertinnen Frau Dr. med. vet. Anne Warrlich und Frau Linda Tellington-Jones für ihre Hinweise zu „Homöopathie", „Bach-Blüten" bzw. „TTouch". Herzlichen Dank der Firma Kölle Zoo, Stuttgart, für die Bereitstellung der „Fotomodelle": Heinz, Harald, Frenzen, Eddie und Irvine sowie des Zubehörs für die Fotoproduktion.

Bildnachweis

Mit 161 Farbfotos von:

Kuhn (10 Fotos: 1 Foto Klappe
vorne, 1 Foto S. 4, 12, 13, 20, 21,
22, 45, 112/113, 118)
Reinhard (4 Fotos: S. 6, S. 7 o/u,
S. 15)
Alle weiteren 147 Bilder stammen
von Christof Salata / Kosmos.

Mit einer SW-Zeichnung (S. 24)
aus dem Archiv.

Tierpass für meinen Hamster

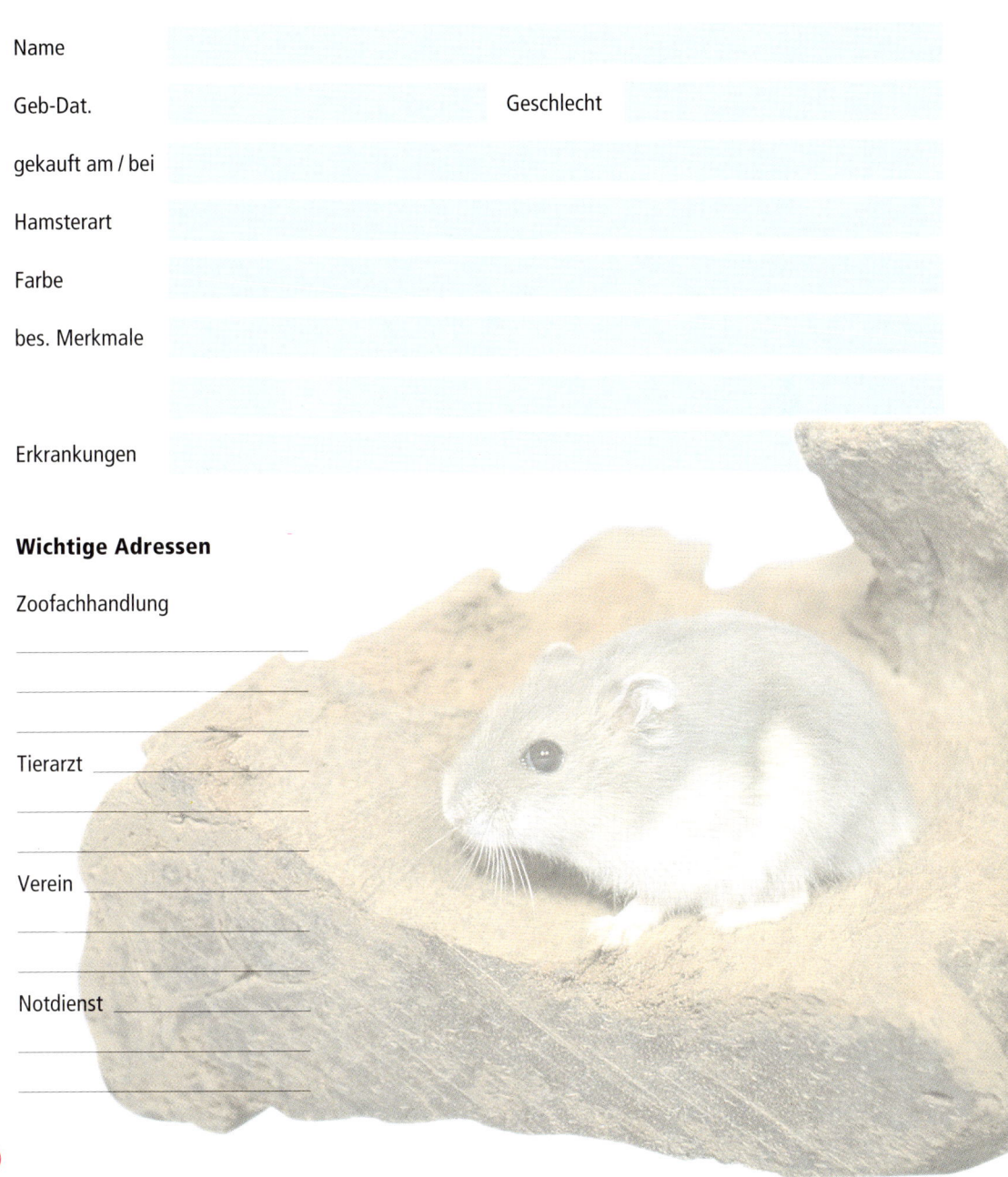

Name

Geb-Dat.   Geschlecht

gekauft am / bei

Hamsterart

Farbe

bes. Merkmale

Erkrankungen

Wichtige Adressen

Zoofachhandlung

_____

_____

_____

Tierarzt _____

_____

_____

Verein _____

_____

_____

Notdienst _____

_____

_____

Das Hamster-Wohlfühl-Programm

Die Unterbringung

○ Cricetarium oder großer Käfig, mindestens 80x60x40 cm, mit Querverdrahtung
○ Standort in einem ruhigen Raum in einer zugfreien Ecke
○ tiefe Einstreu aus Sägespänen und Heu
○ Schlafhäuschen aus Holz ohne Fenster
○ Nestbau-Material bereit legen
○ Spielzeug und Klettermöglichkeiten im Käfig

Die tägliche Versorgung

○ Futternäpfe und Tränke säubern
○ Schlafhäuschen auf Nassfutterreste kontrollieren
○ feuchte Einstreu aus der Kloecke entfernen und gegen frische austauschen
○ abwechslungsreiches Körnerfutter geben
○ frisches Wasser in die Tränke füllen

○ Grünfutter kurz vor der Aufwachzeit reichen
○ Spiel- und Beschäftigungsstunde einplanen

Der regelmäßige Gesundheits-Check

○ Der Hamster ist lebhaft, neugierig und bewegungsfreudig.
○ Der Hamster putzt sich ausgiebig.
○ Die Ausscheidungen sind normal.
○ After- und Schwanzregion sind sauber.
○ Das Fell ist anliegend, sauber und matt glänzend.
○ Die Nase ist trocken und sauber.
○ Die Augen sind blank und weit geöffnet.
○ Die Ohren sind aufgestellt, beweglich, innen ohne Fremdkörper und ohne Beläge und Verkrustungen.

○ Die Füße sind sauber, die Zehen nicht zu lang.
○ Der Hamster frisst normal und hamstert Vorräte ein.

Das Fit-for-Fun-Paket

○ Hamster hangeln lassen
○ Hamster klettern lassen
○ Hamster rennen lassen
○ vielseitigen Parcours aufbauen
○ abwechslungsreiches Futter geben, tierisches Eiweiß nicht vergessen
○ Hamster ausschlafen lassen

Alle vier Wochen

○ Gesamten Käfig säubern, Käfigwanne mit heißem Wasser ausspülen, Gitterstäbe abbürsten, Einstreu vollständig neu auffüllen
○ Hamster-Spielzeug und Zubehör gründlich mit heißem Wasser und Bürste reinigen
○ altes Spielzeug und Zubehör ersetzen

Impressum

Umschlaggestaltung von Atelier Reichert, Stuttgart, unter Verwendung von 3 Farbaufnahmen von Regina Kuhn (U1) und Christof Salata / Kosmos (U4 und Rücken)

Mit 161 Farbfotos und 1 SW-Zeichnung.

Die Deutsche Bibliothek – CIP-Einheitsaufnahme

Ein Titelsatz für diese Publikation ist bei Der Deutschen Bibliothek erhältlich.

© 2000, Franckh-Kosmos Verlags-GmbH & Co., Stuttgart
Alle Rechte vorbehalten
ISBN 3-440-07643-1
Lektorat und Bildredaktion: Ute-Kristin Schmalfuß
Grundlayout: Atelier Reichert, Stuttgart
Gestaltung: Guido Schlaich, München
Satz: Atelier Krohmer, Dettingen/Erms
Printed in Germany / Imprimé en Allemagne
Druck und Buchbinder: Westermann Druck Zwickau GmbH, Zwickau

Bitte beachten

Alle Angaben in diesem Buch sind sorgfältig geprüft und geben den neuesten Wissensstand bei der Veröffentlichung wieder. Da sich das Wissen aber laufend weiterentwickelt und vergrößert, muß jeder Anwender selbst prüfen, ob die Angaben nicht durch neuere Erkenntnisse überholt sind. Dazu muß er z. B. bei Behandlungsvorschlägen den Tierarzt konsultieren, Beipackzettel zu Medikamenten lesen, Gebrauchsanweisungen und Gesetze befolgen.

Kleines Hamster-Lexikon

gibt nur Mutter-Kind-Gruppen, bis die Jungen etwa vier, fünf Wochen alt sind.

Farb(en)schläge

Das Herauszüchten bestimmter, standardisierter Fellfarben, unabhängig von der Rasse. Beim Goldhamster sind die Farbschläge zum Beispiel: Reinweiß, Schwarz, Creme, Zobel.

Aalstrich

Als Aalstrich wird bei Tieren ein dunkler Fellstrich bezeichnet, der sich über den ganzen Rücken zieht. Kommt beim Chinesischen Streifenhamster und beim Dsungarischen Zwerghamster vor.

Angora

Rassebezeichnung des Goldhamsters. Beim Angorahamster wächst die Unterwolle zeitlebens, daher ist das Fell langhaarig, andere Bezeichnung: Langhaar-Goldhamster. Auch als „Teddyhamster" bezeichnet.

Backentaschen

Zu beiden Seiten des Kopfes hat der Hamster dehnbare Backentaschen. In ihrem Innern befindet sich eine trockene, mit Borsten besetzte Haut. Fassungsvermögen: 18 Gramm Futter.

Cricetarium

Dieses Hamsterheim ist die Alternative zum Käfig. Es ist eine Behausung mit tiefem Boden, Glasfront und teilweise vergitterten Seitenwänden.

Domestikation

„Haustier-Werdung". Gemeint ist die über einen langen Zeitraum sich hinziehende Veränderung von Tierarten durch die Zucht in Menschenhand. Im Unterschied zur Zähmung, mit der das Erreichen von Zutraulichkeit eines Einzeltieres gemeint ist.

Einzelgänger

Goldhamster sind ausgeprägte Einzelgänger, das heißt, sie leben als erwachsene Tiere nicht in einem Sozialverband wie etwa im Rudel (Wölfe) oder im Clan (Ratten). Es

Hamstern

Das Einlagern von Futtervorräten in der Behausung. Wildlebende Goldhamster haben wie auch der Europäische Feldhamster in ihrem unterirdischen Bau eine Vorratskammer. Hamster als Heimtiere schleppen Vorräte meist in ihr Schlafhaus.

Flankendrüsen

Auch Flankenorgan oder Seitendrüsen genannt. Dunkle Hautflecken in der Flankengegend. Mit einem Sekret aus diesen Drüsen markieren Goldhamster ihr Revier.

Komfort-Verhalten

Hamster zeigen ein ausgeprägtes Komfort-Verhalten, das heißt, sie putzen sich nach jedem Aufwachen sowie etwa auch nach dem Ent-